主持四川省重点研发计划项目"基于自主流式大数据技术的分布式数据自理研究"（22ZDYF2724）。四川省高等教育人才培养质量和教学改革重点项目"以内部质量保证体系诊改为驱动的教学与管理支持服务系统研究"（JG2018-1102）

大数据技术及其在教育与农业领域的应用研究

向模军 著

吉林大学出版社

·长春·

图书在版编目（CIP）数据

大数据技术及其在教育与农业领域的应用研究 / 向模军著 . -- 长春：吉林大学出版社 , 2022.8
　　ISBN 978-7-5768-1371-5

　　Ⅰ . ①大… Ⅱ . ①向… Ⅲ . ①数据处理 – 应用 – 教育 – 研究②数据处理 – 应用 – 农业 – 研究 Ⅳ . ① G4 ② S39

中国版本图书馆 CIP 数据核字（2022）第 250770 号

书　　名　大数据技术及其在教育与农业领域的应用研究
　　　　　　DASHUJU JIQI ZAI JIAOYU YU NOGNYELINGYU DE YIGNYONGYANJIU

作　　者：向模军
策划编辑：矫正
责任编辑：矫正
责任校对：甄志忠
装帧设计：久利图文
出版发行：吉林大学出版社
社　　址：长春市人民大街 4059 号
邮政编码：130021
发行电话：0431-89580028/29/21
网　　址：http://www.jlup.com.cn
电子邮箱：jldxcbs@sina.com
印　　刷：天津和萱印刷有限公司
开　　本：787mm×1092mm　　1/16
印　　张：11
字　　数：200 千字
版　　次：2023 年 5 月　第 1 版
印　　次：2023 年 5 月　第 1 次
书　　号：ISBN 978-7-5768-1371-5
定　　价：68.00 元

版权所有　翻印必究

前　　言

伴随着信息通信技术的创新与发展，人类社会开始步入大数据时代。我们能够感知和记录更大规模和更多种类的数据，并且通过对这些数据进行分析和处理，深度挖掘蕴含其中的内在信息及核心价值。大数据作为"人类世界的下一个自然资源"，蕴含着难以估量的潜在价值，大数据与已知业务各个细节的融合，将赋予人们崭新的洞察力，为人类的生产生活带来诸多有益的改变。大数据价值的体现依赖于大数据的应用，我们对大数据的关注，实际上是一个关于如何从业务和应用出发能真正实现大数据价值的问题。

目前大数据应用已经遍布各行各业，具有广阔的应用前景：基于互联网的电子商务业是大数据应用的主要领域，通过对互联网访问用户及其行为的大数据分析，实现个性化推荐系统构建、广告追踪和优化、内容针对性投放、位置和邻近追踪；金融行业基于大数据进行对客户行为、客户满意度和投资者情绪的把握，调整市场营销和产品创新策略，进行金融欺诈行为监测和金融风险管理；政府基于数据收集的优势提供大数据服务，如宏观经济形势的分析与预测、公共安全监管、城市基础设施监测和公共交通管理等；医疗卫生行业的大数据应用包括基因序列计算和分析、疫情和健康趋势分析、医疗电子健康档案分析等；能源行业对大数据应用的需求体现在智能电网应用、跨国石油企业大数据分析、石油勘探资料分析和能源生产安全监测等方面；制造行业将大数据应用于产品需求分析、产品故障诊断与预测、供应链分析和优化、工业物联网分析；电信运营业通过对用户和用户行为的大数据进行分析，实现个性化服务、网络分析与优化及网络安全智能化等。

近年来，随着信息通信技术和互联网技术的普及和深入，大数据在教育和农业领域的应用也开始受到相关机构组织和专业人员的关注。

推动大数据的教育领域应用，是我国教育发展的现实需求和未来趋势。在大数据深度影响我们的工作与生活的同时，亦在教育领域展现出广阔的应用前景。特别是在强调"深化教育改革，加快教育现代化，办好人民满意的教育"的今天，充分认识大数据为教育领域带来的深刻变革，依托大数据解决教育中存在的问题，成为教育发展不可忽视之潮流与趋势。

农业是生存之本、发展之基。农业领域是大数据产生的无尽源泉，具有浩大的数据基础。随着信息标识、感知、采集技术不断发展，各种智能传感终端在农业领域广泛应用，生命数据、环境数据、实体数据能够快速精准获取，农业数据来源更加广泛、更新更加迅速、类型更加多样。农业具有基本要素多样、资源环境复杂、生产经营分散等特征，从系统层面考虑，信息产生设备、信息传播平台、信息存储环境等都发生了很大的变化，为农业大数据发展提供了便利条件。

计算机技术在我国农业领域的应用已有30多年的历史，经历了从起步、普及、提高、推进等一系列的阶段。进入21世纪以来，我国农业与农村信息技术的研究和应用进入高速发展阶段，已成为现代农业的重要标志。进入"十二五"以后，以农业物联网技术和智能装备技术为代表的农业信息技术正逐步融入农业生产经营的全过程，农业形态和过程都发生了深刻的变化。一是"更透彻的感知"，通过智能传感设备广泛应用，实现农业生产全过程的数字化与可感知，包括作物长势、作物营养、畜禽生长信息、土壤参数、环境信息、气候变化等；二是"更全面的互联互通"，物联网、传感网、因特网等在农业领域的应用，实现了农民、生命体与资源环境的互联互通，实现了消费者、农产品、市场的互联互通；三是"更深入的智能化"，通过云计算和超级计算机等先进技术，对感知的海量数据进行分析处理，使农业生产决策、农产品市场管理等更加智能。从数据角度分析，可以归结为三句话：一是产生的数据多；二是传输的数据多；三是处理的数据多。可见，农业领域中每一项技术的进步，都从某种程度上提升了农业大数据研究的必要性。

前言

我国是农业大国,一直非常重视全国性的农业科技信息资源数据资源建设。农业领域是大数据产生的无尽源泉之一,具有平;庞大的数据基础。一方面,就农业本身而言,农业大数据包括土地资源、水资源等农业资源环境数据;大气、水质、农田污染、自然灾害等农业生态环境数据;农业生物资源、农业种质资源等农业生物数据等;另一方面,就农业生产、加工、销售等整个流程而言,农业大数据包括农资数据、农业技术数据、农业生产数据、农产品运输数据、农产品储藏数据、农产品加工数据、农产品市场流通数据以及农产品质量安全数据等。随着各种智能传感终端的农业应用,农业数据来源更加广泛、更新更加迅速、类型更加多样。农业数据体量大、结构复杂、模态多变、实时性强、关联度高,利用大数据技术进行农业相关应用研究,针对国家粮食安全、农村劳动力就业、城乡统筹发展等建言献策,其意义将非常明显。

基于此,本书以大数据技术及其在教育与农业领域的应用为研究主题,从大数据的概念界定切入,阐述了大数据的发展动力、历史进程、社会价值和潜在风险;深入分析了分布式数据存储技术、大数据分析与挖掘技术、大数据可视化技术等大数据组织和管理的关键技术;在此基础上探讨大数据技术在教育领域的应用的历史、意义、模式及存在的伦理风险;重点分析了大数据技术对高等教育教学的影响;重点阐述了大数据技术在农技推广、农业信息服务和农业物联网中的应用;并选取种植业、养殖业管理的实证案例具体探讨了大数据技术在农业领域的应用;最后探讨了大数据技术对农业信息化现代化以及智慧农业发展的重要作用,突出强调智慧农业系统的大数据技术应用。以期为我国教育现代化和农业现代化发展提供一些参考。

大数据技术深入社会的各个层面各个角落,与具体的现实问题相结合,催生了各式各样的应用项目,而在这样众多纷繁不一的具体应用当中,都蕴含着大数据技术的"数据"与"算法"两大核心要素,通过"数据"与"算法"的结合,同时发挥数据信息完备性与处理手段智能化的优势,改进原有的工作和生产方法,创造解决问题的新路径,从而改造社会生产力,提高社会生产效率,进而改变人们的生产生活方式,促进社会的发展。大数据技术应用于教育和农业领域，将为教育带来真正的变革；同样，农业产业、乡村振兴、富民强民的实现，以及促进农业产业结构调整和乡村振兴战略的实施，都离不开农业大数据的支撑。

　　由于笔者的研究能力、时间、精力有限，本书还存在诸多不足。大数据技术涉及的面非常广，本书的研究不可能面面俱到，只选择了部分大数据技术进行了研究，对于大数据预处理、大数据分析等还有待进一步研究。

目 录

第一章 大数据技术概述 ·········· 1
    一、相关概念界定及内涵阐释 ·········· 1
    二、大数据的发展动力与历史进程 ·········· 6
    三、大数据的社会价值和潜在风险 ·········· 11

第二章 大数据组织和管理的关键技术分析 ·········· 23
    一、大数据应用的关键技术和实践流程 ·········· 23
    二、分布式数据存储技术 ·········· 30
    三、大数据分析与挖掘技术 ·········· 32
    四、大数据可视化技术 ·········· 40

第三章 大数据技术在教育领域的应用研究 ·········· 45
    一、大数据技术在教育领域应用的历史 ·········· 46
    二、大数据技术在教育领域应用的意义 ·········· 48
    三、大数据技术在教育领域应用的模式 ·········· 53
    四、大数据教育应用的伦理风险与应对策略 ·········· 56

第四章 大数据技术对高等教育教学的影响研究 ·········· 74
    一、影响因素分析 ·········· 74
    二、应用对策分析 ·········· 88

第五章　大数据技术在农业领域的应用研究 …………………… 91
　　一、农业领域大数据技术设计与管理 …………………… 91
　　二、大数据技术在农技推广中的应用 …………………… 101
　　三、大数据技术在农业信息服务中的应用 …………………… 107
　　四、大数据技术在农业物联网中的应用 …………………… 111

第六章　大数据技术与智慧农业发展 …………………… 116
　　一、智慧农业的相关理论 …………………… 117
　　二、智慧农业大数据技术应用 …………………… 120
　　三、国内外智慧农业发展与大数据技术应用经验 …………………… 124

第七章　大数据技术在农业领域应用的实证案例 …………………… 136
　　一、大数据技术应用种植业管理的案例 …………………… 136
　　二、大数据技术应用养殖业管理的案例 …………………… 145
　　三、大数据技术在智慧农业示范区中的应用案例 …………………… 154

参 考 文 献 …………………… 162

第一章 大数据技术概述

大数据是新一代信息技术产业的核心支撑之一,是信息技术和社会发展的产物。大数据问题的解决能够促进云计算、物联网等新兴信息技术的真正落地和应用,为云计算、物联网、移动互联网等新一代信息技术提供坚实支撑。

从国家层面来说,世界主要国家积极制定大数据战略,力求在激励国际竞争中抢占优势地位。推动大数据技术的发展,首先要从国家战略方面来进行。而从政府层面来说,积极推动大数据技术发展,有利于政府进行数据信息公开共享,有利于推进社会公平、公正,提高数据资源利用率。从企业层面来说,利用大数据技术可以获取巨量的客户数据,企业可以通过大数据采集、处理、存储、挖掘、分析来获取相关性结论,辅助决策。在传统的小数据时代,只能获取数据,对数据进行分析研究时只能进行随机抽样,而在如今大数据时代,运用大数据技术可以获取全样本数据,数据的价值可以被深入挖掘。大数据将为人们提供强有力的新工具,使人们能更加容易地把握事物规律,更准确地认识世界、预测未来和改造世界。

大数据问题涉及范围较广,本章从大数据的概念界定切入,分析大数据的发展动力与历史进程,重点阐述大数据的社会价值和潜在风险,为全书的研究奠定理论基础。

一、相关概念界定及内涵阐释

(一)大数据的概念界定

2013 年 5 月召开的第 462 次香山科学会议,认为大数据拥有技术型和非技术型两种定义:"技术型定义中的大数据是指来源多样、类型多样、大而复杂、具有潜在价值,但难以在期望时间内处理和分析的数据集;而非技术型定义中的大数据是指数字化生存时代的新型战略资源,是驱动创新的重要因素,正在改变人类的生产和生活方式。"[1]而又有学者将大数据分为狭义的大数据和广义的大数据。

①狭义的大数据。2008年,*Science* 出版的专刊中,对大数据做了这样的定义:"大数据是指数据集合的规模,超出了目前数据研究的理论和技术范畴,无法在合理的时空范围内进行有效处理。"[2] 这种定义是一种问题抛出式的概括,为人们开拓视野、探索未知开辟了新的途径。

麦肯锡对于大数据进行了如下定义:"大数据是指无法在一定时间内用传统数据库软件工具对其内容进行抓取、管理和处理的数据集合。"[3]而维基百科对于大数据的定义与麦肯锡公司类似。

大数据科学家 Rasuer 曾提出一个简单的大数据定义:"大数据即超过了目前任何一个计算机处理能力的庞大数据集合。"[4] 当然,这种定义只是一种静态的概述,在一定程度上并不能全面深刻地反应大数据的本质内涵与特征。

方巍等人对大数据定义做了如下界定:"大数据泛指大规模的数据集,从大数据中可以挖掘有价值的信息,但无法运用传统方法进行有效分析和处理。"[5] 王成红则对大数据做了如下定义:"大数据是指无法在一定时间内用传统 IT 技术和软硬件工具进行感知、获取、管理、处理和应用的海量、

---

[1] 朱扬勇,熊赟. 大数据是数据、技术,还是应用 [J]. 大数据,2015,(1):71-81.

[2] Buxton B, Goldston D, Doctorow C, et al. Big data: science in the petabyte era[J]. Nature. 2008, 455 (7209): 8-9.

[3] 程学旗,靳小龙,王元卓,等. 大数据系统和分析技术综述 [J]. 软件学报,2014,(25): 1889-1908.

[4] 李继玲,李宝林,刘新蕊. 企业大数据应用构成要素及其风险分析 [J]. 西华师范大学学报(自然科学版),2015,(4):416-421.

[5] 方巍,郑玉,徐江,等. 大数据:概念、技术及应用研究综述 [J]. 南京信息工程大学学报(自然科学版),2014,(10):405-419.

复杂的数据集合。"①他认为大数据并不单纯指互联网上的信息,还包括结构化数据和非结构化数据。信息专家涂子沛在其《大数据》一书中则提出:"大数据不只是容量大,更在于通过对巨量数据进行分析而发现新知识、创造新价值。"②

而我国工信部电信研究院在2014年发布的《大数据白皮书》中,将大数据做了如下定义:"大数据是具有体量大、结构多样、时效强等特征的数据"③。该白皮书中将大数据定义为数据的一种,本质属信息。《大数据白皮书》中也明确提出,在进行大数据处理时需要采用新型计算架构和智能算法等新技术。大数据不只是指其数据体量大,其同时也是一种新资源、新工具和新技术的结合体。而从工信部发布的《大数据标准化白皮书2.0》中也可以看出,大数据的内涵不只是数据本身,还包含大数据技术和大数据应用。

②广义的大数据。日本野村综合研究所对大数据下了一个广义层面的综合定义:"所谓大数据,是一个内涵范畴极其广博的概念,除了以上所论及的狭义内涵外,还涉及相关的数据意义、数据规律甚至包括数据研究的组织以及人员的研究。"④日本野村研究所将大数据的研究范畴从客体对象范畴延伸到主体人的范畴,拓展了大数据的研究领域,丰富了大数据的内涵。

学者程学旗认为:"从宏观世界角度来讲,大数据是一个三元世界,它融合了物理世界、信息空间和人类社会。"⑤这里的物理世界通过物联网、互联网、车联网等技术在信息空间中有了大数据的反映,而人类社会则借助人机界面、移动互联等手段在信息空间中产生大数据映象。

本书将以上对大数据的狭义层次和广义层次的定义进行了分析比较,

---

① 王成红,陈伟能,张军,等. 大数据技术与应用中的挑战性科学问题[J]. 中国科学基金, 2014,(2):92-98.
② 陈俊宇. 大数据技术的发展及其研究综述[J]. 中国管理信息化,2016,(20):146-147.
③ 张超. 浅析大数据应用的技术体系和潜在问题[J]. 数字技术与应用,2016,(8).
④ 城田真琴. 大数据的冲击[M]. 周白恒,译. 北京:人民邮电出版社,2013:66.
⑤ 程学旗,靳小龙,王元卓,等. 大数据系统和分析技术综述[J]. 软件学报,2014,(25):1889-1908.

较为赞成麦肯锡公司与我国《大数据白皮书》中的定义,并对大数据做了新的概念界定。本书认为大数据的定义也分为狭义和广义两种,狭义的大数据是指无法在一定时间内利用传统数据库软件工具对其内容进行抓取、管理和处理的数据集合,它的本质是信息。而广义的大数据是一个整体的系统,它除了包含狭义的定义外,还包括对巨量复杂的数据信息进行采集、存储、处理、分析时所采用的大数据技术;同时,利用大数据技术和进行大数据关键技术研发的人也归属于大数据这个系统之中;而大数据产业则属于大数据技术的应用。在大数据这个系统之中,人是这个系统的主体;而体量巨大结构复杂的数据集合是这个系统的客体;而在这个过程中所采用的大数据技术作为工具,是其中的中介。

  大数据这个系统具有复杂性,而其中的主体、客体、中介三者共同构成了一个整体。当然,大数据系统并不是指三者之间的简单叠加,而是将三者间发生的联系包含在内。在大数据这个整体中,对大数据技术的应用及相关的管理行为统归于大数据这个系统之中。

  目前学界普遍认为"大数据"具有"5V"特征。人们将传统数据与大数据相比,认为大数据具有如下特征:"体量大(volume)、速度快(velocity)、模态多(variety)、难辨识(veracity)和价值大密度低(value),简称5V。"[①]值得一提的是,学界最初对大数据的定义是"3V",即体量大、速度快以及模态多三个特征。而由于新一代信息技术的不断发展,人们对于大数据的认识也在不断发生变化。大数据的特征从"3V"发展到"5V",可见,大数据是一个不断发展的整体,是动态的系统。舍恩伯格则认为大数据还具有以下特征:"它不是随机样本,而是全体数据;不注重精确性,而注重混杂性;不关注因果关系,而关注相关关系。"[②]而注重精确性、因果关系、随机样本则是以往数据统计的特征。

[①] 程学旗,靳小龙,王元卓,等. 大数据系统和分析技术综述[J]. 软件学报,2014,(25):1889-1908.

[②] 维克托·迈尔-舍恩伯格. 大数据时代[M]. 袁杰,译. 杭州:浙江人民出版社. 2013:65.

（二）大数据技术的内涵

1. 大数据技术的定义

在业界并没有就大数据技术的边界有一个明确界定，一般来说，大数据技术是指与大数据的获取、收集、传输、存储、管理、计算、分析等相关的技术手段和方式方法，笼统地说，也可以认为大数据技术就是人们用来处理大数据的相关的一应技术和方法。

这些技术与方法按照大数据的处理流程构成了大数据处理过程中的不同环节，包括数据采集、数据存储、数据预处理、数据分析、数据展示等。在每一环节当中，都有大数据处理平台提供的相应处置工具进行处理。这些环节，环环相扣，最终形成了一个完整的大数据处理链条。

2. 大数据技术的技术体系

（1）大数据处理平台

大数据处理平台即云计算平台。中国科学技术协会党组书记、中国大数据专家委员会主任怀进鹏院士曾用一个公式描述了大数据与云计算的关系：

$$G=f(x)\;[1]$$

其中，x 是大数据，$f(\cdot)$ 是云计算，G 是目标。这也是说，云计算是大数据的计算平台，大数据是云计算的处理对象。大数据是需求，云计算是手段。没有大数据就不需要云计算，没有云计算就无法处理大数据。

（2）大数据处理环节

大数据的处理有自身的一整套流程，包括了数据采集、数据存储、数据预处理、数据分析、数据展示等处理环节，大数据的处理就是在大数据平台的支撑下完成大数据的各个处理环节的过程。具体讲，有通过传感器、日志、爬虫进行的数据采集，有以分布式存储为存储形式的数据储存，有基于 Map Reduce、流计算、图计算等计算模型的数据计算，有使用各种数据挖掘和机器学习算法的数据分析，以及为数据分析做准备工作的数据预处理和数据分析后的数据展示。

综上所述，大数据技术体系即是在大数据处理平台的支撑之下，将大

---

[1] 刘鹏. 云计算 [M]. 北京：电子工业出版社，2015：3.

数据处理流程当中各个处理环节相应的处置方法有机组合所构成的系统。大数据技术为大数据提供了技术支持,并通过与现实中具体的问题相结合,应运而生了各种大数据技术的现实应用。

3. 大数据技术的特点

在实际的技术活动当中,大数据与大数据技术是不可分割的整体,大数据是大数据技术的对象,大数据技术是大数据的依托。在日常的概念表述当中,大数据技术通常是与大数据交织在一起的,人们在谈论大数据的时候,往往也指代大数据技术。大数据技术作为一个有机的技术体系,有着自身的特点。

①前沿性。大数据技术是2000年前后产生和发展起来的新技术,属于人类社会的高新技术领域,具有前沿性。

②复杂性。大数据技术是在多个学科领域与多种技术手段的基础之上发展起来的,与之相关的学科有数学、计算机科学、统计学、机器学习、信息科学、人工智能等,因而具有一定的复杂性。

③社会性。大数据技术作为处理数据这一信息载体的技术,天然地与人与社会交织在一起,现今更是渗透进我们生产和生活的方方面面与人类社会深度交融,同时,大数据技术与人工智能、互联网等其他一些技术联系紧密,具有广泛的社会性。

二、大数据的发展动力与历史进程

(一)大数据的发展动力

随着大数据技术的不断发展,大数据作为一股变革力量促进着政治、经济、文化、环境等多个领域的发展。另一方面,政治、经济、社会、技术自身也推动着大数据技术的发展。下面从政治、经济、社会、技术自身以及环境等方面系统地分析大数据技术发展的动力。

①政府的支持及科技政策推动。随着社会的不断发展,大数据技术的价值也越来越被人们重视。有人甚至把所获得的"大数据集"类比为黄金、石油。"大数据集"本身具有价值密度低的特点,但是由于"大数据集"

的信息体量巨大，且对海量数据信息进行分析挖掘后可以提高其价值，有利于政府进行决策。因此，如今政府也越来越认识到大数据技术的作用，甚至将其上升到国家战略层面。各国政府非常重视大数据对国家发展和安全保障的重大作用，积极利用大数据发展经济，积极开发大数据的技术并抢占数据的战略制高点。2010年，美国总统科学技术委员会强调当代社会"数据正在呈指数级增长"，联邦政府各部门及相关机构都迫切需要制定一个切合自身实际的大数据战略。2012年，美国政府启动"大数据技术研究发展计划"。而我国国务院也于2015年印发了《促进大数据发展行动纲要》，对大数据的发展做了方向规划。

如今世界主要国家都积极制定大数据政策以促进大数据技术的发展，如制定大数据科技政策，从政策方面予以激励，有助于进行技术创新。

②经济发展需要的推动。经济发展需要直接推动着技术的发展。随着电子设备的普及和人类生产生活范围的扩大，企业获取消费者信息的需求量不断加大；同时，企业急需针对所获得消费者信息的海量数据进行数据分析。企业需要获取消费者更多的数据去分析消费者，从"大数据集"中挖掘其价值，找出隐含的规律，有利于企业进行战略及管理决策。另一方面，技术的发展需要一定的物质条件作为支撑。由于"智能可穿戴设备"的出现使得自动采集信息可以实现；另外智能手机的出现也使得实时定位成为现实；监控安防设备的产生也使得24h实时监控路况成为现实。随着经济的不断发展，所产生的数据体量也在不断加大，由经济发展所产生的大量数据、财力、物力等都为大数据技术的发展提供了物质基础。

③社会需要。随着互联网技术的不断进步，人们的生产生活中会产生大量的数据，人们的日常生活与数据的联系也越来越紧密。通过对这些大量的数据进行分析处理，人们可以从中发现更多的潜藏规律，从而推动整个社会的发展。如果运用大数据技术来分析天气情况，能有效对地震、海啸、冰雹等自然灾害进行预测，从而减少人类生命及财产的损失。另外，运用大数据技术进行数据公开共享，有利于政府提高政务透明度，也有利于社会的发展。一方面，大数据技术与各个领域发生关联，利用大数据技术有利于社会整体的发展。另一方面，社会各方面发展的需求也需要通过技术

手段获取更多的数据信息并对之进行数据挖掘分析，从而方便进行决策。社会发展的需求也促进了大数据技术的产生和发展。

④技术自身的推动。任何技术都是在不断发展变化的，随着社会需求的变化以及科技的进步，技术会不断优化，在原有基础上不断丰富、发展。"每一项技术都不是孤立的，它都是在前人已有技术成果的基础上进行的创新和发展。"[①] 像如今的"大数据技术"就是建立在"小数据"基础之上发展起来的。"大数据技术"之所以称其为"大"，是与传统的"小数据"相对应的。"小数据"又称传统数据或常规数据。"大数据技术"能有今天的发展，也离不开传感器、微处理器以及云计算、互联网的发展。有了互联网，大数据技术所获得的海量数据才能够进行实时的公开共享，而只有对数据进行挖掘才能发现其价值，而大数据挖掘技术就需要云计算技术的支持，有了云计算才可以对所获得的大数据集进行分布式处理。"大数据技术"能有今天，离不开技术自身的不断发展。

⑤大数据生态环境。大数据生态环境与大数据技术联系紧密，相辅相成。构建良好的大数据生态环境，有利于企业进行大数据技术的研发和应用，能间接促进大数据技术的发展，而大数据技术的发展又有助于大数据生态环境的优化，二者相辅相成，相互促进。

（二）大数据发展的历史进程

有史以来，处理各种不断增长的数据都是人类社会的难题。大数据的现代发展历史最早可追溯到美国统计学家赫尔曼·霍尔瑞斯，他为了统计1890年的人口普查数据，发明了一台电动机器来对卡片进行识别，该机器用一年就完成了预计八年的工作，促进了数据处理的发展。1943年二战期间英国为了快速解开纳粹设置的密码，组织工程师发明机器进行大规模数据处理，并采用了一台可编程的电子计算机实施计算工作。1961年美国国家安全局（NSA）首先应用计算机收集信号自动处理情报，数字化处理模拟磁盘信息。1989年，英国计算机科学家蒂姆·伯纳斯-李设计了超文本系统，命名为万维网，使信息在世界范围内实现共享成为现实。1965年，英特尔的创始人戈登·摩尔通过研究计算机硬件得出摩尔定律，认为同等

---

① 常立农. 技术哲学 [M]. 长沙：湖南大学出版社. 2003：6-11.

面积的芯片每过 1-2 年就可容纳两倍数量的晶体管，能够提高两倍微处理器的性能，或使之价格下降一半。近五十年，信息产品功能日趋强大，各种设备体积变小，存储器成本持续降低，人们能以很低的成本保存海量的数据。1988 年美国科学家马克·韦泽指出，各种各样微型计算设备能随时随地获取并处理数据，被称为普适计算。今天，智能手机、各种传感器、RFID（射频识别）标签、可穿戴式设备等实现了无处不在的数据自动采集，为大数据时代的到来提供了物理基础。

美国研究员大卫·埃尔斯沃斯和迈克尔·考克斯在 1997 年使用"大数据"来描述超级计算机产生的超出主存储器的海量信息，并指出这种海量信息甚至突破远程磁盘的承载能力。[1]

大数据时代的技术基础集中表现在数据挖掘，通过特定的算法对大量的数据进行自动分析，从而揭示数据当中隐藏的规律和趋势，即在大量的数据当中发现新知识，为决策者提供参考。现在的信息技术已经可以把一件产品的流向、每位消费者的情况都记录下来，再通过数据挖掘，为客户量身定制，把消费和服务推向一个高度个性化的时代。基于网络数据的挖掘，不需要制订问卷，也不需要逐一调查，成本低廉。更重要的是，这种分析是实时的，没有滞后性，数据挖掘将成为越来越重要的分析预测工具，抽样技术将下降为辅助工具。数据挖掘的优越性，也集中反映了大数据"量大、多源、实时"等三个特点。大数据的前沿和热点是机器学习，和数据挖掘相比，其算法并不是固定的，而是带有自调适参数的，也就是说，它能够随着计算、挖掘次数的增多，不断自动调整自己算法的参数，使挖掘和预测的结果更为准确，即通过给机器"喂取"大量的数据，让机器可以像人一样通过学习逐步自我改善、提高，这也是该技术被命名为"机器学习"的原因。除了数据挖掘和机器学习，数据的分析、使用技术已经非常成熟，并且形成了一个谱系，例如数据仓库、多维联机分析处理（multidimension OLAP）、数据可视化、内存分析（in-memory analytics）都是其体系的重要组成部分。

---

[1] Carlo R, Dennis F, Riccardo M P, etal. Mobile Landscapes: Using Location Data from Cell Phones for Urban Analysis .scimaps. 2006, 33（5）: 727-748.

从 2004 年起，以脸谱网（Facebook）、推特（Twitter）等为代表的社交媒体相继问世，互联网开始成为人们实时互动、交流协同的载体，全世界的网民都开始成为数据的生产者，引发了人类历史上迄今为止最庞大的数据爆炸。社交媒体上产生的数据，大多是非结构化数据，处理起来更加困难。2012 年，乔治敦大学的教授李塔鲁（Kalev Leetaru）考察了推特上产生的数据量，他做出估算：过去 50 年，《纽约时报》总共产生了 30 亿个单词的信息量，现在仅仅一天，推特上就产生了 80 亿个单词的信息量。也就是说，如今一天产生的数据总量相当于《纽约时报》100 多年产生的数据总量[①]。

2008 年末，"计算社区联盟"（computing community consortium）提出了独特的详细报告《大数据计算：在商务、科学和社会领域创建革命性突破》，使人们不仅考虑机器的数据处理，而且在更广泛的领域发现大数据的社会意义，找到了更多的新用途和富有创见的新见解。社会领域的计算，也被很多学者称为"社会计算"（social computing），社会领域的计算、对类似知识和关系的捕捉，不仅能够有效推动社会治理，还能产生商业价值。

总体来看，从根本上对处理大规模信息的现实需求推动了大数据相关技术的迅速发展，起初国家安全是大数据技术的主要推动力，伴随超级计算机的发明，大数据的存储和处理技术、以及大数据分析算法的研发，使得大数据在教育、金融、医疗等许多方面开始实施，广泛应用。美国 2012 年 3 月，美国政府报告明确要求每个下属的联邦机构都要制定一个"大数据"发展战略，奥巴马政府首先宣布投资 2 亿美元，立刻启动大数据研究与发展项目。

数据的发展经历了从数的产生、科学数据的形成和大数据诞生的过程。刘红等在 2013 年 12 月的《自然辩证法通讯》中发表了题为"数据革命，从数到大数据的历史考察"的文章，她提出"数据的发展可划分为三个阶段，即数的产生、科学数据的形成和大数据的诞生。"[②] "刘红等认为，以数据

[①] http://www.baidu.com/s?tn=56060048_4_pg&ie=utf-8&bs=2012Kalev+Leetaru.
[②] 刘红，胡新和. 数据革命：从数到大数据的历史考察[J]. 自然辩证法通讯，2013（06）：33-39.

与技术、自然科学研究和社会科学研究的分析为依据，可以将数据的发展分为三个阶段：第一阶段是指数据的产生，此时的数据作为一种计量工具和技术的融合，具有实用性和精确性；第二阶段是指科学的数据，此时的数据不只是计量工具，也是认识事物的基础和依据，使得定量研究成为自然科学的基本研究范式；第三阶段是指大数据的诞生，此时的数据成为一种重要的资源，甚至影响了社会发展的进程，大数据为社会科学的研究提供了定量研究的方法。"[1]人类利用大数据对巨量数据信息进行分析挖掘，产生了数据的社会管理和相关的服务。"大数据随着计算方法和信息技术的快速发展而诞生，成为发现知识、创造知识和认识世界的一种新范式，成为辅助人们进行分析、管理和决策的重要资源。"[2]

三、大数据的社会价值和潜在风险

（一）大数据的社会价值

大数据正在催生以数据资产为核心的多种商业模式。数据生成、分析、存储、分享、检索、消费构成了大数据的生态系统，每一环节产生了不同的需求，新的需求又驱动技术创新和方法创新，通过大数据技术融合社会应用，让数据参与企业决策，发掘找到大数据真正有效的价值，进而革新生产生活模式，促进社会发展引发社会变化，产生积极影响。近年来，随着物联网的发展，移动互联网的流行，社交媒体的发达，交互式媒体快速发展，大数据展现其独有的时代特性，放射出巨大延伸价值，越来越成为时代焦点，引起人们关注。

1. 大数据技术兴起的社会需要

（1）科学发展的需要

自然科学方面，图灵奖获得者吉姆·格雷观察和总结出科学研究的范式共有四个：几千年前，是经验科学，主要用来描述自然现象；几百年前，是理论科学，使用模型或归纳进行科学研究；几十年前，是计算科学，主

---

[1] 刘红，胡新和. 数据革命：从数到大数据的历史考察[J]. 自然辩证法通讯，2013（06）：33-39.

[2] 同①。

要模拟复杂的现象；今天，是数据探索，从数据中发现问题、解决问题，这种科学范式又被称为数据密集型科学。数据密集型科学依靠实验设备、监测仪器等收集或模拟而出大量的数据，通过对大量数据的分析，获得可靠的理论模型，因而，拥有对海量数据进行大数据技术处理能力便是其不可缺少的支持和支撑。

社会科学方面，人类行为是一种极其复杂的社会现象，在信息时代，人们的各种行为一般都是通过计算机等相关设备，使用数字数据等相对精确客观的形式记录的。通过各种网络平台的数据共享，为人类行为的研究提供了可靠的信息基准，在一定程度上成为消除研究者认知差异的方式之一。大数据为社会科学的研究提供了定量的研究方法，使得社会科学的研究与数据科学相结合，催生了基于数据的社会管理及社会服务理念。

科学追求精确性，现代科学的发展越来越多地使用定量化的方法，使用更多更广泛更准确的数据来进行对世界的探索，这样的发展需求，为大数据技术的兴起提供了空间，可以说，现代科技的发展离不开大数据技术。

（2）经济活动的需要

20世纪60年代，就已经诞生了基于数据分析对生产流程进行统筹优化，提高生产效率的商业手法。而大数据的出现，才真正使得这种商业手法焕发出巨大能量。

大数据技术的真正成型是谷歌、亚马逊等一批公司为自身数据处理需要而开发的一系列数据处理系统和平台。这些公司依靠自身平台的优势，通过多年的积累和探索，基于大数据技术，开发出一系列新的产品，发展出新的商业模式，打造了新的经济增长点。这些公司所获得的巨大成功，使得世界看到了大数据的威力和潜力。传统的公司纷纷开始自身的数据转型，新兴的数据驱动型公司也成为资本市场的宠儿，快速发展。如，国内电商公司拼多多借助后发优势，从创立之初就秉持数据驱动的发展策略，短短三年便拼出千亿市值成为老牌电商巨头阿里巴巴的最大竞争对手。不仅如此，通过大数据技术的支持，在经济和商业的运行当中，可以更有效地开拓市场，优化决策，节约成本和资源，提高经济运行效率。因而，大数据技术的兴起是经济发展背景下的一个必然趋势。

（3）社会生活的需要

随着互联网、移动互联网、电脑、手机等走进普通人的日常生活，人们的生活也正式步入了信息化的时代。信息化时代最突出的一个特征便是人们对信息的需求，无论是各种门户网站、生活服务网站、还是搜索引擎，夜以继日服务着全球数十亿网民，为他们提供所需信息，这样庞大的业务使得数据爆炸式的增长，处理这样庞大数据的技术手段呼之欲出。信息化的时代，人们享受着便捷的信息化生活，人们通过便捷的记录和通信手段沟通交往，脸书、推特、微信、微博等社交工具，在全球范围内普及流行，微信每天高达数亿的用户同时在线聊天、发文字、发照片、发视频，海量、多样化、快速的数据处理需求摆在了眼前，而大数据技术的兴起满足了信息化社会的这种对数据处理能力的急切需求，为人们的社会生活提供了有效保障。

（4）社会治理的需要

信息时代的到来，使得社会打破了旧有的信息屏障，过去那种孤立封闭的社会结构形态不复存在，无论是现代化的大都市还是偏远的边疆乡村，通过通信与网络，时时刻刻与世界同步，在这种背景下，社会进入了一个前所未有的复杂阶段。特别是我国，人口多，地域广，需求多样，结构复杂，旧时"拍脑袋""差不多"的决策和治理方式已经远远不能满足现代化社会治理的需求。2013年11月，党的十八届三中全会提出："全面深化改革的总目标是完善和发展中国特色社会主义制度，推进国家治理体系和治理能力现代化"。

大数据提供了社会多维度、大深度、全方位的信息，为摸清社会状况提供了数据支撑，进而为决策者精准决策提供依据，从而告别过去"差不多""拍脑袋"的治理和决策方式，更加科学、有效地开展社会治理活动。大数据记录着社会的点点滴滴，使得社会更加公开透明，社会在大数据的背景下无处藏污纳垢，从而可以有效预防犯罪和治理腐败，促进社会公平公正。大数据使得政府政务信息交流更加畅通，人民群众处理问题办事情更加便捷，从而能更好地支撑政府的服务转型，为人民提供更优质的服务。因此，大数据技术为社会治理提供了新的路径，符合新时期下社会治理的迫切需要。

综上所述，当下的理论发展、科学技术发展、时代发展、经济发展为大数据技术的兴起提供了背景支撑，同时，现今时代下科学、经济、社会生活、社会治理等社会层面方方面面的需要使得大数据技术的兴起成为必然，大环境下的背景支撑与社会的迫切需要共同奠定了大数据技术兴起的社会基础。

2. 大数据的应用价值

（1）大数据助力人工智能发展

机器智能一直以来都是人类最终极的技术追求。进入20世纪以来，随着电气革命的深入，电子信息技术蓬勃发展，人工智能也经历了多次发展的高潮。但无论是符号主义还是联结主义，其发展都在遭遇瓶颈之后沉寂了下来。纵观符号主义和联结主义，简单来讲，其最终目的都是想要创造一个拥有像人一样的思维能力的机器。其思路就是对人进行模仿，即"首先了解人类是如何产生智能的，然后按照人的思路去做"[①]。

然而，当我们回到"人工智能之父"图灵博士所描述的机器智能图景时就会发现，机器智能最重要的是能够解决人脑所能解决的问题，而不在于是不是一定采用和人一样的方法。

在大数据诞生之前，计算机并不擅长解决需要人类智能才能解决的问题，但是今天这些问题换个思路就可以解决了，其核心就是变智能问题为数据问题。数据方法最大的优势在于，它可以在最大程度上利用计算机技术的进步。

如何将智能问题转变为数据问题呢？其实就是利用大数据所蕴含的信息量的优势和计算机的运算能力，用一个不那么智能的笨办法去解决智能问题。这个办法就是穷举法，即针对某一问题，以计算所有的可能答案的方式去寻找答案的方法。

举例来说，经典的鸡兔同笼问题：有鸡兔50只，共有脚120只，问：鸡和兔分别有多少只？一般的解答办法是根据已知条件构建数学模型，通过计算找出模型的解即找到了答案，例如本题，设鸡的数量为 x，兔的数量

---

① 吴军. 智能时代[M]. 北京：中信出版社，2016：47.

为 y，根据题干给出的条件，可列出一个二元一次方程组 $\begin{cases} x+y=50, \\ 2x+4y=120 \end{cases}$，解出这个方程组得 $\begin{cases} x=40, \\ y=10 \end{cases}$，于是我们知道鸡有 40 只，兔子有 10 只。而穷举法是根据问题的已知条件找到一个答案范围，把答案范围内的所有可能答案与已知条件一一比对验证，符合的即是正确答案。对于本题，根据题干"鸡兔有 50 只"的条件，我们得到可能答案的集合｛［0，50］，［1，49］，［2，48］，［3，47］，［4，46］，…，［46，4］，［47，3］，［48，2］，［49，1］，［50，0］｝，其中的任一个元素［a，b］即是问题的一组可能答案，表示鸡有 a 只，兔有 b 只。再将这所有元素一一与问题的另一条件"共有脚120只"相验证，最后找到符合条件的元素［40，10］，即鸡 40 只，兔有 10 只。

对比这两种方法，我们会发现常用的构建数学模型的方法，其关键点和难点在于构建合适的模型和模型的求解，而穷举法的关键点和难点在于找到可能答案的集合和验证答案时计算量的庞大。可以说，这是完全不同的两种解决问题的思路。

对于一些低复杂度的问题，我们可以通过经验和已有的数学知识，构建精彩的数学模型，通过简单的计算寻找到想要的答案。但对于像一些高复杂度的问题，我们可能无法找到与问题相匹配的有效模型，抑或是模型求解的难度超出人数学计算能力的范围，人的经验和数学能力在此时无能为力，只能望而却步。此时，借助大数据技术，采用穷举的方法就成了解决这些问题的新路径。也为人工智能的发展打开了一扇新的大门。而这一技术被广泛关注和认可始于 Google 翻译的成功。

2005 年，Google 的机器翻译团队在美国国家标准与技术研究所（National Institute of Standards and Technologies，NIST）主持的机器翻译研究的测评和交流会上，击败了所有其他研究机构，拿到了第一名。值得一提的是，Google 公司是第一次参加这个测评，而参会的其他机构要么过去取得过很好的成绩，比如德国亚琛工业大学，要么研究的历史非常长，比如 IBM 和 SYSTRAN。而在所有 4 项测评中，之前从来没有做过机器翻译的 Google 均比其他研究团队同类的系统领先了一大截，以绝对优势获得了第一名。

Google 到底怎么做的呢？简单来说，就是死记硬背。以往做智能翻译系统的思路都是基于两种语言的语法和语义分析来做。就像我们成人通常学一门外语那样，翻译是根据母语的语义，按照外语的语法规则，组织词汇和语句，进行翻译。而 Google 翻译的做法则像小孩子学习外语一样，死记硬背。一个小孩子，你告诉他，"早上好"是"Good morning"，他记住了。他或许不知道"Good morning"的语义规则是什么，但他知道"早上好"和"Good morning"是对应的，当你问他"早上好"怎么说时，他会脱口而出"Good morning"。Google 翻译也是如此，Google 翻译通过数据学到了不同语言之间很长的句子成分之间的对应，然后在翻译时，直接把一种语言对换成另一种。当然这里的大前提是，Google 翻译使用的数据必须是比较全面地覆盖两种语言所有的句子，而数据恰恰正是 Google 的优势。Google 搜索平台的数据积累使其拥有着支持两种语言之间翻译的完备数据，有了这些数据，通过机器学习，建立两种语言之间各种说法的翻译方法模型，才有了 Google 翻译的一鸣惊人。

除了 Google 翻译之外，Google 的无人汽车也使用相类似的方法模式。Google 公司通过旗下的 Google 地图和 Google 街景业务积累了完备的关于现实道路情况的数据集，再利用这个数据集去训练无人汽车的智能驾驶系统，从而获得了可靠的智能驾驶系统。客观地讲，Google 无人汽车是因为事先模拟了所有的道路场景才拥有了开车的能力，当去到一个 Google 街景车没有去过的陌生地方，它会像陷入沼泽一样无法动弹。事实上，Google 无人汽车的第一次主动事故也正是源于此。在行驶的路中央掉落了一个它从来没有"见过"的沙袋，它不知道直接碾过去就可以了，而选择了绕开，结果导致了与其他车辆的碰撞。

人工智能在前期表征主义和联结主义的发展遭遇到瓶颈之后，大数据的兴起为人工智能的发展打开了一扇新的大门。通过大数据技术，将智能问题转变为数据问题，利用大数据所携带完备性的信息，建立人工智能的算法模型，最终获得可靠的人工智能系统，实现研究领域的突破。通过上述 Google 的例子我们可以看出，大数据成为人工智能发展的燃料，正帮助人工智能发展驶上快车道。

(2)大数据技术改变商业面貌

在大数据技术的商业应用当中,最典型的就是推荐系统。推荐系统的核心是其系统所使用的推荐算法。推荐算法是通过对用户历史数据的分析而给用户主动推荐新的内容的智能算法。推荐系统在广告推荐、电子商务、在线视频、在线音乐等各类网站和手机 App 中有广泛和成熟的应用。

电子商务方面,像 Amazon 和京东商城,会根据用户的购买和浏览记录调整页面上的商品陈列,把用户感兴趣和有可能购买的商品放在显眼的位置,当用户进入一个具体的商品页面时,页面下方也会自动出现许多相关或类似的商品。这就是推荐系统典型的一种应用模式。

推荐系统在在线音乐供应商那里有着更重要的地位。众所周知,音乐是比电影、电视视频数量更庞大,且个人口味偏向更明显,更不容易直观展示的文化娱乐产品。而当你面对数量庞大的音乐资源,如何找到自己喜欢的音乐作品,是个让人头疼的问题,往往也会在听了几首自己不感兴趣的歌曲之后继续听歌的兴趣荡然无存。一些拥有好的推荐系统的音乐网站和应用,会根据用户听歌的历史记录,识别用户的口味和兴趣,为用户有针对性地推荐音乐,同时还为用户建立个人的标签、音乐歌单和曲库,大大提高用户的使用热情。国内的网易云音乐,国外的 Pandora 都是这方面的佼佼者。

大数据技术之所以能够衍生出推荐系统这样的应用,是由于大数据本身是海量信息的携带者,通过数据挖掘算法对用户进行大数据挖掘,获得有用的用户信息,了解用户的需求、爱好、兴趣、习惯等,进而利用智能的算法对这些信息进行加工、匹配和分析,对用户进行画像和寻找规律性,构建模型,形成基于大数据技术的智能推荐系统,从而有的放矢地进行更有效的营销活动。

(3)大数据技术带来智能交通

大数据技术将数据与算法相结合,在应用领域遍地开花,使得社会上原有的一些实际问题得到改善和解决,也促生了新的应用形态,改变着我们的社会的面貌。最典型的就是大数据技术给我们的交通出行带来的便利。

随着汽车的普及,城市出行也会出现交通拥堵。虽然城市交通网四通八达，但由于无法对实时的交通状况进行掌控，往往难以避开拥堵的状况。虽然很多大城市都有自己的交通管控中心，也有相应的疏导手段，但由于能够获取的交通路况信息是有限的和滞后的，因而对于城市交通的实时掌握和管控是乏力的。

但是，在能够定位的智能手机出现后，这种情况得到了改变。现今大家的手机上一般都装载了电子地图 App，比如高德地图、百度地图、Google 地图等。手机有一项 GPS 定位的功能，一般要使用这些应用，首先就要对这些公司开放自己手机的这一功能。这样就可以在地图上定位自己的位置，同时也就意味着这些提供地图服务的公司可以实时掌握用户的位置信息。而对于百度、高德、Google 这样拥有大量用户的公司，就意味着有可能获得任意一人员密度较大地区的人员流动信息，并可以通过流动速度对出行方式和出行状况进行判别。通过对这些信息进行智能的实时分析，就可以获得实时的路况信息，再将路况信息用一定的方式标注到电子地图上，从而获了一张准确的实时交通图。而通过对历史交通信息和实时交通信息的比较分析，可以为用户提供路线规划，避开有可能的交通拥堵，以方便用户更快更好地出行。现今，我们打开电子地图，都会看到这样一张"红色表示路段拥堵，黄色表示路段行进缓慢，绿色表示路段畅通"，同时提供路线规划和导航的智能交通图。

在以往，虽然有交通管控中心，但缺乏实时的交通信息，因而无法对交通状况做出精准的识别和管控。现如今，利用大数据技术，通过交通参与者的智能手机或汽车上的智能系统，收集获取实时的交通信息，再通过智能化的计算分析和调度，构建了完美的实时交通图，由此产生的智能化交通正改变着人们的出行。

（4）大数据引领新媒体发展

大数据时代需要大数据的融合，实现大数据的可流转才能真正地发挥数据拥有的价值。大数据时代最核心的要求是数据开放，实现资源共享。如果在企业之间和社会各个方面不能做到数据的自由流动，那社会将变成一个个信息孤岛，大数据将无法发挥作用，不能实现价值最大化，所以只有实现数据的交叉利用，在全社会之间自由流转，未来的商业才能更加繁荣。

新媒体时代数据形式产生了巨大的变异，结构化数据变成半结构化甚至非结构化的数据，比如音频视频之类。社交网络用户制造的信息也从单渠道变成多渠道。互联网和移动互联网结合，催生着跨网数据的发展。用户越来越希望利用碎片化时间，通过移动互联网获得有价值的信息，用户甄别信息的能力与日俱减，用户兴趣数据与日俱增，客户体验迅速下降，所以个性化大数据是一个发展方向。

大数据时代传统媒体面临转型的难题，如何发展不仅仅是技术问题，更是战略问题，将会深刻地影响未来的媒体形态，改变现有的媒体格局。

①数据资源助推媒体转型。大数据时代的信息不仅仅是新闻之类的数据，而是各种各样丰富多彩的数据。媒体出现新的信息生产方式，应用新的传播方式，成为多元化媒介，不仅仅是生产数据，更要分析数据，解读信息，传播舆论，职能多元，为受众提供分众化服务，注重用户体验，实现媒体发展的大数据之路。

②量身打造体现发展新思路。目前门户网站互相模仿，网络媒体同质竞争，媒体和门户网站应该避免恶性竞争，利用大数据，建立关系链，为用户考虑，细分筛选，精准推荐，内容整合，通过数据分析，针对受众感受，满足不同主体的个性化要求，实现专业化发展，提供新闻资讯，重视客户体验，成为优质社交媒体。

大数据提供了新媒体发展的理论背景与实践手段，为媒体掌握大量数据源及门户网站实现转型，提供了良好契机。

③挑战机遇赢得大数据时代的主动权。大数据新媒体的战略决策能力很重要，需要应对快速增长的数据，需要投入带宽，加大存储设备等基础设施方面的投入，考验媒体决策者的胆魄和智慧，转型就会赢得主动权，不然就必然被淘汰。转型就要全面变革当前的报道形式，全面改造现有的运行体系。

（5）大数据促进教育变革

在教育领域中，较之于传统数据，大数据有着自己独特的优势：①传统数据主要用于辅助教育政策的宏观决策，针对宏观整体的教育状况进行分析决策。而大数据的透析可以针对个别的、微观的受教育者在课堂的状况，及时调整教学行为，实现个性化教育。②从误差大小比较看，传统数据使用阶段性评估方法，在采样中容易出现系统误差，会造成评估分析的较大误差。而大数据采样采用即采即用或现象记录的技术性方式，系统误差较小。

数据采集的来源不同、数据应用的方向不同，这是大数据与传统数据的最本质区别。传统数据通过考试或者量表调查对学生数据进行周期性、阶段性采集，依靠数据对学生的生理和心理健康、学习状态以及对学校的满意度来进行评估。信息采集具有事后性、阶段性而非实时性，并且会对被采集者（学生）造成压迫性。与之相应的，大数据采集是过程性的，关注每一个学生在上课、作业、教学互动过程的每个微观表现，采集在学生不自知的情形下开展进行，不影响学生的正常学习和生活。这些数据的获取、整理、采编、统计、分析需要经过专门的程序和专业的人员高效率地完成。

美国的一些企业已经成功地在教育中实现了大数据处理的商业化运作。如全球最大的IT厂商IBM公司与亚拉巴马州的莫白儿县公共学区进行合作，通过对学生数据探测和行为干预，改善学生的学习成绩。在IBM的技术支持下，公司建立了跨校学习数据库，收集了100多万名学生的相关记录和700多万节课程记录等海量数据，软件分析结果不仅能够显示出学生的成绩、出勤、辍学率、入学率的趋势，还能够让用户探测性地预知导致学生辍学和学习成绩下滑的警告性信号；还允许用户发现那些导致无谓消耗的特定课程，揭示何种资源和干预是最成功的；通过监控学生阅读电子材料情况、网络交流情况、电子版作业提交情况、在线测试情况，可以让教师及时诊断每个学生的问题所在，以备及时提出改进建议。

对于大数据的应用，在数据收集中需要解决以下几个关键问题。一是数据收集标准化。收集数据一开始就要标准化，使用直观的方法对输入数据分类，为数据分析做好基础。二是数据获得问题。解决好海量数据的获得不仅仅是技术问题，有时还会遇到法律问题和伦理道德问题。三是数据收集者数量和质量问题。既要满足收集速度和精度要求，又需要满足数据质量保证要求。

总之，大数据的教育应用可以为学生提供一个量身定做的个性化学习环境，一个教育问题早期预警系统，一个灵活调整的可控教育系统；为教师了解学生学习途径和方法提供了崭新的、可视的、可量化的新手段。

（二）大数据的潜在风险

（1）大数据所具有的技术风险

从大数据所具有的技术风险方面来看，首先，当前大数据处理技术的发展对提升数据计算和结果分析提供了强有力的技术支撑，但是这种数据处理方式却存在着一定的风险，这种风险主要来自于数据量的不断增加所带来的不确定性结果。在此过程中，大数据的信息来源具有着多样化的特点，信息阳存在混杂甚至混乱的特征，许多不科学的数据在进入数据库之后，将会给正确结果的确定带来很大的困难。另外，在大数据时代中，许多研究主体都认为自身的研究对象是全数据，因此传统的抽样调查思维会向全数据的调查思维转变，但是事实上，即使是在大数据时代背景下获得大数据技术的支撑，研究主体所接触的数据也很难包括所有数据，这主要是因为全数据这一概念很难界定，到底有多少数据量才能算是全数据，这是概念制定与全数据鉴定中需要注意的重要问题。由此可见，大数据容易让研究主体放弃抽样调查的运用，并衍生出在规律掌握中的许多问题。

（2）大数据所具有的个体风险

随着网络数据化的发展，当前我国大数据在发展过程中所具有的个体风险主要体现在两个方面：一是个人的隐私极容易被泄露，成为具有一定社会化、商业化、全球化的产物。导致这种现象产生的原因主要是大数据的发民使得人们对网络的依赖性越来越强，在应用互联网的过程中很容易留下与个人隐私相关的信息，在人们网络安全意识以及相关法律制度欠缺的情况下，这些信息很可能成为某些个人、商家谋取利益的筹码，被恶意侵占、使用，出现一系列的隐私危机。与此同时，在网络全球化发展的推动下，大数据的集中管理以及应用，使得数据更易于全球化的查找，这就对信息的管理造成了一定的困难，一旦信息管理漏洞，就有可能受到不法分子的侵袭和攻击，从而对个人信息的安全造成一定的威胁。二是使个体数据安全受到威胁。首先，大数据的发展使得数据本身的价值逐渐上升，这就催生了木马、病毒等以黑客对数据的窃取、篡改情况的出现，对个体数据的安全造成了一定的影响。其次，人们在对手机、网络、GPS等进行应用的过程中，其个人的兴趣、爱好、家庭住址、工作、年龄、行程等信息极容易被暴露出来，从而对其个人安全构成了影响。再次，在经济利益的推动下，个体信息安全的风险性进一步增加。大数据的发展使得对与人们信息，相关数据的采集更为便捷化，采集范围也逐渐扩大，其中不仅包括了与之相关的身份信息，也涵盖了其日常的金融、消费、网络社交等活动信息，通过对这些信息的关联、整合，可以较为全面的对其个人的生活状态、水平进行还原，以促进围绕其个人信息而形成的信息产业链的发展，促使某些商家精准营销的实现。一旦这些信息被泄露，很容易成为黑客、诈骗团伙、中介、广告商谋取非法利益的手段。

（1）大数据所具有的企业风险

大数据在发展过程中所面临的企业风险主要体现在以下几个方面：首先，是数据归属的风险。我们在对数据进行采集、分析、处理、存储的过程中必然会产生一定的消耗，这就意味着数据在产生之后便具有了一定的价值属性，无论是政府、企业还是个人都可以在法律允许的范围内合法的对数据进行收集，成为数据的拥有者。当前数据的归属风险主要体现在难以对具有多个生产商主体的数据归属进行定义，难以对涉及个人隐私以及秘密的数据进行定义两个方面，无论任何一方面处理不当都会对企业的运营产生一定的影响。其次，是数据控制的风险。大数据的行动目的、类型等具体情况决定了大数据控制权的最终归属。在目前情况来看，一些私营的互联网公司掌握着大数据的控制权，但基于利益的驱使，个别企业在使用数据的过程中存在滥用数据的情况，对数据的合法、有效使用和采集造成了一定的影响。最后，是数据规范的风险。随着大数据时代的发展，人们的思维方式、行为习惯等都发生了很大的改变，以往的标准和准则难以满足人们发展的需要，为有效的对大数据所潜在的各种威胁进行抑制，我们迫切需要尽快建立一个与以往不同的数据信息保护模式，以实现对当前大数据的规范管理，有效杜绝各种由数据不规范管理所引发的问题的发生。

第二章　大数据组织和管理的关键技术分析

大数据组织和管理方法是支撑大数据应用的基础手段，有效的大数据管理方法能够支撑高效的业务应用。大数据组织和管理基本包括数据获取、数据组织及数据检索几大方面。本章以大数据应用的关键技术和实践流程为开端，从分布式数据存储技术、大数据分析与挖掘技术、大数据可视化技术等方面对大数据组织、管理和应用的相关技术进行探讨。

一、大数据应用的关键技术和实践流程

（一）大数据应用的关键技术

大数据应用主要基于分布式文件系统[①]实现，主流技术是Hadoop+ MapReduce。一个典型的大数据应用总体架构包括大数据存储框架、大数据处理框架、大数据访问框架、大数据业务流程框架、大数据分析和展现框架、大数据连接框架以及大数据管理、安全和备份恢复框架（见图2-1），各框架层次中涉及的关键技术如下：

---

① 在分布式文件系统（distributed file system）中，文件系统管理的物理存储资源不一定直接连接在本地节点上，而是通过计算机网络与节点相连。

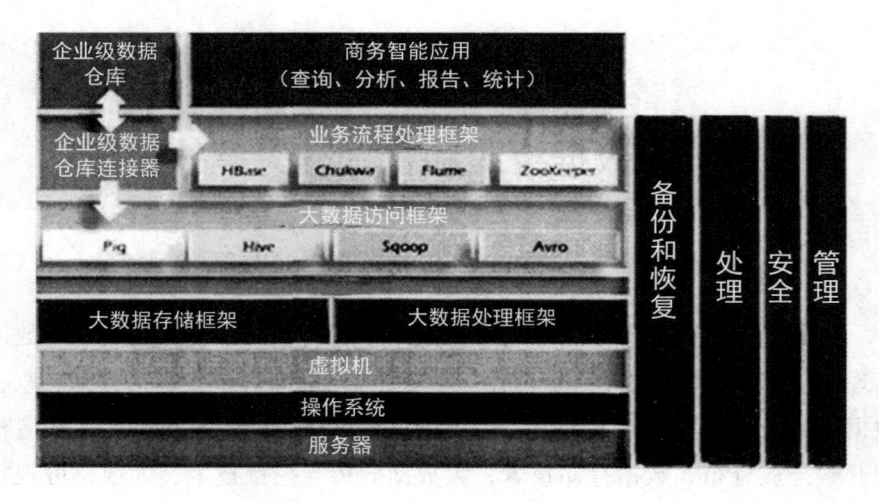

图2-1 大数据应用的总体架构参考模型

①大数据存储框架：HDFS，即 Hadoop 分布式文件系统（hadoop distributed file system）。GDFS 系统运行于由通用硬件（commodity hardware）构建的大规模集群之上，采用元数据集中管理与数据块分散存储相结合的模式，通过数据的复制实现高度容错。

②大数据处理框架：分布式并行计算软件框架 Map Reduce，应用于大规模算法图形处理和文字处理。基于 Map Reduce 编写的应用程序能够运行在分布式系统上，并以高可靠性的方式处理 TB 级别以上的数据集。

③大数据访问框架：实现大数据访问的关键技术包括 Pig、Hive、Sqoop 等。Pig 是基于 Hadoop 的并行计算高级编程语言，该语言的编译器把数据分析请求转换为一系列经过优化处理的 Map Reduce 运算；Hive 是由 Facebook 提供的数据仓库工具，用于查询和分析储存在 Hadoop 中的大规模数据；Sqoop 是由 Cloudera 开发的开源工具，支持在 Hadoop 与传统数据库之间的数据传递。

④大数据业务流程处理框架：实现大数据业务流程处理的关键技术包括 HBase、Zoo Keeper、Flume 和 Oozie 等。HBase 是面向列存储的高性能非关系型数据库，能够支持大规模数据集的实时读取和写入；Zoo Keeper 是分布式应用程序的集中配置管理器，提供分布式应用的高性能协同服务；

Flum 是由 Cloudera 开发的日志收集系统，提供分布式流数据收集服务；Oozie 是基于服务器的工作流引擎，负责调度和运行 Hadoop 作业的工作流。

⑤大数据分析和展现框架：实现大数据分析和展现的关键技术包括 Mahout 和 Hama 等。Mahout 是 Apache 软件基金会旗下的一个开源项目，提供分布式机器学习和数据挖掘库，帮助开发人员创建智能应用程序；Hama 是基于大容量同步并行（bulk synchronous parallel，BSP）的计算技术，用于矩阵、图论、网络等大规模的科学计算。

⑥大数据连接框架：ELT 是连接大数据平台和传统关系型数据库与数据仓库的平台，为数据的导入和导出提供专门的结构，广泛支持元数据、数据质量、文档和系统构建的可视化风格。

⑦大数据管理、安全和备份恢复框架：实现大数据管理、安全和备份恢复的关键技术包括 Ambari、Chukwa 等。Ambari 是一种基于 Web 的 Hadoop 管理工具，支持 Hadoop 集群的供应、管理和监控；Chukwa 是一个开源的大规模数据收集系统，用于数据的展示、监控和分析。

（二）大数据应用的实践流程

大数据应用的实践流程是从识别业务需求和评估数据分析能力开始的，在业务战略指引下，从现有的和新采集的数据中获取新的洞察力，制定大数据应用战略，规划大数据架构、关键技术、数据源和分析方法，支持业务战略落实。大数据应用的实施采取先试点后推广的策略，逐步实施和升级相应的大数据架构，最终实现大数据应用，支撑机构或组织的战略决策。大数据应用的实践流程和实施方法如图 2-2 所示。

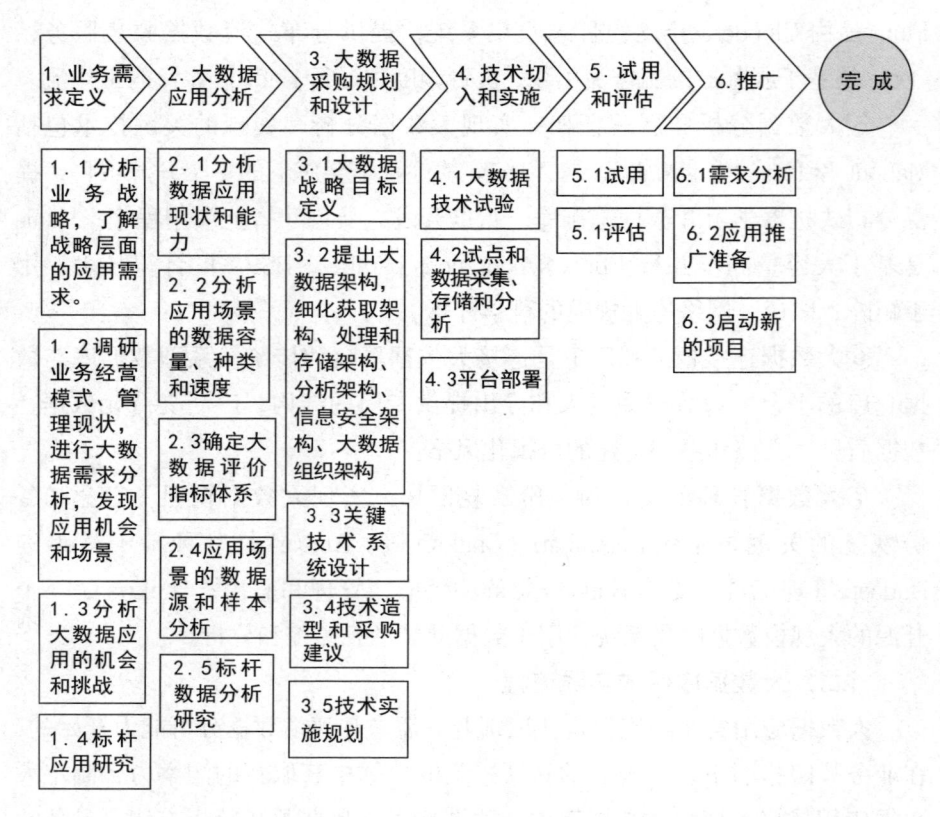

```
1.业务需求    2.大数据      3.大数据采购     4.技术切入      5.试用        6.推广         完成
  定义        应用分析      规划和设计       和实施         和评估

1.1分析业务    2.1分析数据    3.1大数据战略    4.1大数据      5.1试用       6.1需求分析
战略，了解    应用现状和    目标定义        技术试验       5.1评估       6.2应用推广
战略层面的    能力                                                      准备
应用需求。                   3.2提出大数据    4.2试点和
              2.2分析应用    架构，细化获    数据采集、                   6.3启动新
1.2调研业务    场景的数据    取架构、处理    存储和分析                   的项目
经营模式、    容量、种类    和存储架构、
管理现状，    和速度        分析架构、信    4.3平台部署
进行大数据                   息安全架构、
需求分析，    2.3确定大     大数据组织
发现应用机    数据评价指    架构
会和场景      标体系
                            3.3关键技术
1.3分析大     2.4应用场景    系统设计
数据应用的    的数据源和
机会和挑战    样本分析      3.4技术造型
                            和采购建议
1.4标杆      2.5标杆数据
应用研究      分析研究      3.5技术实施
                            规划
```

图2-2 大数据应用的实践流程和实施方法[1]

1. 业务需求定义

业务需求定义阶段要分析机构或组织的业务战略，总结对战略决策具有关键意义的数据分析需求，通过对业务部门、用户和合作伙伴的调研和分析，根据业务优先级确定分析能力的优先级，要进行大数据的SWOT[2]（strengths，weaknesses，opportunities，threats，即优势、劣势、机会和挑战）分析，参照初始的用例或用例集，分析业务需求的满足程度和大数据应用能够交付的价值。

---

[1] 赵刚. 大数据技术与应用实践指南[M]. 北京：电子工业出版社，2013.
[2] SWOT分析法是将研究对象的优势、劣势、机会和挑战通过调查列举出来，对研究对象所处的情景进行全面系统的研究，再根据研究结果制订相应的发展战略及对策的一种科学分析方法。

这一环节的主要关注点：确定最佳的应用场景，使大数据应用能够更好地服务用户，完成业务使命并节省应用运营成本；找到关键的业务需求，制订应用过程中处理这些业务需求的具体方案；评价大数据是否能够满足预设的应用场景需求；创立一个战略愿景，将该愿景分解为若干个阶段性战略目标。

2. 大数据应用现状分析与标杆比较

首先对现有数据进行分析处理，然后通过与业界典型案例的比较，掌握与其之间的差距，根据上述两项分析的结果制订数据应用项目的近期目标。机构或组织希望通过此举，在充分利用现有数据、软件和技能实现其近期业务价值的同时，积累重要的应用经验、扩展现有的数据分析能力，在未来实现更大数量和更多类型数据的处理。

这一环节的主要关注点：评估相关机构或组织当前的数据质量和技术能力，判断当前的数据质量和技术能力是否能够满足预设的业务需求和应用场景；评估应用场景在数据速度、种类和规模方面的需求，确定是否有必要升级为大数据项目（还是通过传统方法即可满足应用需求）；评估数据和数据源对目标应用场景需求的满足程度及数据当前的可用性；评估支持访问、治理、管理和分析数据的技术需求；评估机构或组织的分析能力；分析最佳实践、参考应用架构；利用业界最佳实践标杆和应用架构寻找差距。

3. 大数据应用架构规划和设计

在大数据应用架构规划和设计阶段，要以业务需求为基础、以分析战略为驱动、以灵活性和扩展性为原则，设计一个统一的大数据应用架构。从技术角度来看，大数据应用的业务流程包括产生数据、聚集数据、分析数据和利用数据四个阶段，每个阶段都会产生相应的业务需求，需要借助相关大数据技术加以实现（如表2-1所示）。

表2-1 大数据应用的业务需求——技术实现的逻辑映射[①]

业务流程	业务需求	技术实现
产生数据	数据容量：每18个月翻倍；数据类型：80%的数据是非结构化数据；数据速度：数据来源不断变化、快速流通	一个统一的大数据处理方法，能够实现海量数据的快速处理和加载，能够在统一平台上处理和存储不同类型的数据
聚集数据	管理大数据的复杂性，分类、同步、聚合、集成、共享、转换、剖析、迁移、压缩、备份、保护、恢复、清洗和淘汰各类数据	一个数据集成和管理的平台，支持各种工具和服务。管理异构存储环境下的各类数据
分析数据	当前数据仓库和数据挖掘技术擅长分析结构化数据，在大数据环境下则要求分析非结构化数据，并且进行实时分析和预测	一个实时预测分析解决方案，整合结构化的数据仓库和非结构化的分析工具
利用数据	满足不同用户对大数据进行实时的多种访问方式	不受时间、地点、设备限制的集中共享和协同
	理解大数据影响业务和行动转化的方式	建立大数据业务和战略模型，并利用技术予以实现

通过分析各流程业务需求和与之对应的技术实现手段，可将大数据应用架构概括为：一个加载和处理海量数据的统一的大数据平台，一个管理各类数据的数据集成和管理平台以及一个分析数据的实时预测分析解决方案。大数据应用架构应该能够支持大数据的集中共享和协同，并且实现组织对新业务战略的建模。

这一环节的主要关注点：规划相关机构或组织的整体大数据战略，其中包含组织的大数据愿景、战略目标和要求；规划大数据平台架构，包括采集、处理、存储和分析的模块规划，以及实现该架构所需数据、工具和硬件；在所选应用场景的支持下开发体系架构路线图；规划项目开发、测试、部署和管理的模式，规划设备选型和采购，选择技术手段、数据资源和团队成员；规划有效的大数据治理机构、工具和流程；设计大数据管理原则以及隐私和安全保护措施；制定应用实施计划，降低业务和技术风险。

4. 大数据技术切入与实施

在大数据应用的技术实施阶段，应按照上个流程中的设计方案开展系

[①] 赵刚. 大数据技术与应用实践指南[M]. 北京：电子工业出版社，2013.

统采购、数据准备、系统集成、安装调试、技术开发、模型开发、系统整合、系统联调等工作。

这一环节的主要关注点：除了实施步骤和方法工具、技术切入点（根据不同应用类型选择相应的切入点）、实验数据准备、实施环境和配置管理（包括大数据技术平台的具体应用、目标应用场景的准备、应用部署规模、硬件部署、软件条件等）、系统验收指标之外，为了支持后续应用场景所需的数据规模、种类和速度，需要特别关注系统的灵活性和可扩展性。

5. 大数据应用试点和评估

相关机构或组织开始运用现有的和新采集的数据进行大数据技术系统的应用试点：选取一个典型的业务需求，采集和分析与之相应的真实数据，然后评估该应用是否满足预设业务目标和技术性能指标。通过使用和评价，找出当前的技术实施与最佳实践间存在的差距，以此作为项目改进和持续实施的依据。在此过程中，还要评估业务流程、政策、数据治理、隐私保护等方面对预设目标的达成程度。

这一环节的主要关注点：评估一个持续的过程，需要不断审核体系架构和技术，评估其是否能满足组织的更广泛的业务需求；需要评价大数据投资回报率；需要连续审核计划的执行是否与数据治理、隐私保护和安全政策一致；审核大数据应用项目是否符合当前的法律法规；通过持续不断地评估和反馈，改进和优化大数据应用。

6. 大数据应用推广

通过上述阶段的实践，相关机构或组织会把一个满足业务需求的经验推广到其他业务领域，并建立起一个功能更强大、整体性更高的大数据应用平台。例如，将大数据在客户分析领域的成功应用推广到风险分析和绩效分析领域。至此，机构或组织的大数据应用平台应该具备跨越多个业务部门和领域的分析能力，并且能够提供支持即将启动的若干个大数据应用项目的一系列服务，这些服务包括数据集成和数据治理，隐私保护和数据安全，公共元数据管理，可视化和高级分析等。

二、分布式数据存储技术

（一）No SQL数据库

传统的关系型数据库一般都是固定的架构，很难支持非结构化数据的存储，对数据分片存储、系统扩展性的支持比较局限。关系型数据库为了支持事物的正确性和可靠性，必须满足4项特性，即原子性（atomicity）、一致性（consistency）、隔离性（isolation）和持久性（durability）即ACID原则。由于用户需要越来越多的访问操作型数据，而关系型数据库很难满足大规模海量数据的存储及实时分析处理的需求，所以在大数据时代，非关系型数据库应运而生。

分布式大数据环境下的数据具有了新的特点，传统的数据库管理方式已经无法适应大数据管理的需要，为此，No SQL数据库技术的提出为大数据的管理提供了可行的方案。No SQL即Not only SQL，指那些非关系型的、分布式的、不保证遵循ACID原则的数据存储系统，而遵循BASE原则，即基本可用（basically available）、软状态（soft-state）、最终一致性（eventual consistency），即仅需要保证系统基本可用、支持分区失败、允许状态在一定时间内不同步，数据在最终达到一致性即可。

No SQL数据库相比于传统的关系型数据库有很多的优势，它突破了传统关系型数据库的约束，放弃了SQL查询语言和事务一致性及范式的约束，对模式不固定的结构化和半结构化的数据有良好的存储能力。它的优点包括：容易扩展、在数据模型方面更为灵活，能够随时定义数据格式，无须为要存储的数据建立字段；支持对数据的高并发读、写，具有很好的灵活性；支持自由的模式定义方式，可实现海量数据的快速访问，灵活的分布式体系结构支持横向可伸缩性和可用性，且对硬件的需求较低。现有的No SQL数据库根据不同的数据存储模型可以分为基于键值存储、基于列簇存储、基于文档存储和基于图存储四种数据存储模型。（见图2-3）

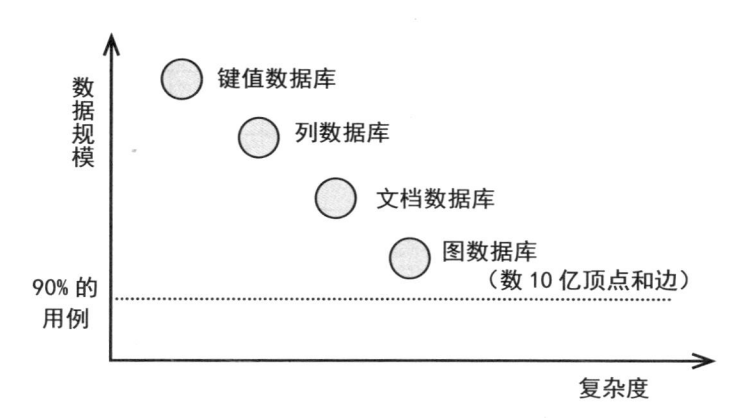

图2-3 No SQL数据库规模扩展与复杂度扩展比较

（二）No SQL数据库比较

键值数据库的数据模型是一系列的键值对，它是一张哈希表，表中有一特定的键和一个指针指向特定的数据，按照键值对的形式进行组织、索引和存储。它的优势是简单、易部署，存取效率很高，适合快速查询，但是在建立不同数据集之间的关系时，效率很低。

列簇数据库的数据模型是以列的结构将同一列的数据存储在一起，键仍然存在，它们指向了多个列。列簇数据库以列为单元进行存储，所以不用考虑数据建模的问题，适合进行分布式扩展、批量处理和即时查询等，在数据分析和商业的智能领域有很好的应用。

文档数据库的数据模型是封包的键值对，可存放并获取文档，格式为JSON、XML等，"文档"是一个数据记录，能够对包含的数据类型和内容进行"自我描述"，类似于键值数据库的一个值，它主要解决的问题是能在海量存储的前提下仍然具备高效的查询性能。

图数据库的数据模型与其他数据库有着本质的不同，它的数据模型是图结构，利用图论来存储实体之间的关系信息，对于处理关系性较强的数据有着天然的优势。

非关系型数据比较结果如表2-2所示。

表2-2　非关系型数据库比较

类别	相关数据库	性能	扩展性	灵活性	复杂性	优点	缺点
键值数据库	Redis Riak	高	高	高	无	查询高效	数据存储
列簇数据库	HBase Cassandra	高	高	中	低	查询高效	功能有限
文档数据库	CouchDB MongoDB	高	可变	高	低	对数据结构限制小	查询性能低
图数据库	Neo4j OrientDB	可变	可变	高	高	图算法高效	数据规模小

三、大数据分析与挖掘技术

（一）大数据分析技术

大数据分析技术是对海量的数据进行分析的过程，通常由于数据量的巨大，很难使用传统的方式对其进行分析。大数据主要包含以下四个特征[1]。

1. 体量大（volume）

代表数据信息规模巨大，数据信息存储单位已达到PB级甚者EB级。

2. 数据多样性（variety）

数据多样性表示数据的类型多、来源广、数据之间关联性强。这些数据可能从不同数据源获取的结构化数据和非结构数据，例如图像、文档、音频、视频、日志、监测数据等，这些数据具有异构性和多样性。

3. 价值密度低（value）

大数据中包含大量不相关的信息，使其价值密度相对较低。因此需要学者们研究数据处理算法来有效地提炼大数据中有价值的信息。

4. 数据高速性（velocity）

大数据通常为实时动态的流数据，就需要对其进行快速、实时地处理，

---

[1] Carrie J．B-W,Samuel R, Bryn G, etal. The technological advancements that enabled the age of big data in the environmental sciences: A history and future directions[J]. Current Opinion in Environmental Science & Health，2020，18：63-69.

而非传统的批处理分析,这也是大数据分析不同于传统数据分析最显著的特征之一。

在大数据分析技术逐步发展的今天,在研究学者的努力下大数据已形成了一套完善的处理流程,大数据分析技术的处理流程如下:

1. 数据抽取

数据抽取指从多种数据源中获取到研究所需数据的过程,根据数据源的不同可以使用一些工具来获得研究需要用到的数据。如 sqoop 可对海量结构化数据进行抽取[1],编写爬虫可获取 web 页面数据[2]。

2. 数据预处理

数据预处理是对获取到的原始"脏数据"进行处理,这些"脏数据"不具有很好的分析价值,因此需要对其进行清洗、去噪、标准化等操作,保证大数据分析结果具有一定的实际价值。

3. 数据分析

数据分析是大数据分析技术中最关键的应用环节,研究人员需要根据大数据的应用场景,选择合适的分析算法,分析提炼出海量数据中有价值的信息。

4. 大数据可视化

大数据可视化是指将数据分析中提炼出的有价值信息以图形的形式展现给用户的过程。大数据可视化效果的好坏一定程度上决定了大数据分析可用性和易于理解性。

(二)大数据挖掘技术

1. 大数据挖掘技术的内涵

目前,关于数据挖掘的概念还没有一个公认的、统一的定义,但我们可以从技术和商业两个层面来定义,从技术上看,可以将数据挖掘定义为:从模糊的、有噪声的、大量的、随机的且不完全的数据中,提取出那些对

---

[1] Yu L S, Wu X, Yang Y. Research on visualization methods of online education data based on IDL and hadoop[J]. International Journal of Advanced Computer Research(IJACR), 2017, 7(31): 136-146.

[2] Suhail I B, Tasleem A, Majid B M, et al. Browser simulation-based crawler for online social network profile extraction[J]. International Journal of Web Based Communities, 2020, 16(4): 321-342.

特定的人群有用的、并且隐含在这些数据之中的、人们预先不知道的、但是具有潜在价值的信息或者知识[①]。

数据挖掘技术作为数据库系统方面的一个前沿研究领域，经过二十年的发展，各种技术已经成型，并趋于成熟。数据挖掘技术根据功能分为分类和预测、聚类分析、关联分析。

（1）分类和预测

分类和预测是两种基本的数据分析形式，主要用于对重要数据集合的提取描述和对未来数据发展趋势模型的预测。分类可以对数据对象的离散程度做出预测，而预测则用来预测数据对象的连续取值，需要建立连续值函数模型。

（2）聚类分析

所谓聚类，指的是将抽象或物理对象的集合分成由类似的对象组成的多个类的过程。聚类的作用是根据实际数据的特征，依据它们的某种相似性，收集数据并将它们分成若干类别。

K 均值算法是一种最常用的基于划分的聚类算法，是一种主流的迭代下降的聚类算法。K 均值聚类算法的核心思想是通过反复迭代把想要聚类的数据对象分成不同的簇，并从中获取目标函数的最小值，从而使这些簇中样本最大限度地聚合在一起。事先需要知道样本集合想要聚类的数目 K，K 均值算法根据聚类数目 K 值将整个集合分成 K 个集合（簇），然后计算出每个簇的均值，即是每个簇的中心；然后，计算其余对象到各个簇中心的距离，然后根据这个距离将其分配到最近的簇，并重新生成新簇的中心；不断重复这个迭代过程，使得每个簇中所有样本与其中心的距离总和最小，直到目标函数最小化为止。

（3）关联规则

关联规则（association rule）是数据集合中所蕴含的某种规律，对数据进行挖掘来发现数据之前的关联规则是进行数据挖掘的一项重要内容，也可以说是数据挖掘领域中被广泛应用的最为重要的模型之一。在数据项目

---

① 曲红亭，申瑞民. 基于数据挖掘的个性化学习导航系统的设计与实现[J]. 计算机工程. 2003. 29（8）：59-62.

中找出所有的并发关系是关联规则挖掘的主要目标，我们把这种关联也叫作关联关系。关联分析就是挖掘出隐藏在大型数据集中的令人感兴趣的联系，关联规则挖掘在市场选择、决策分析和商务管理方面作用较大。

2. 大数据挖掘技术的应用

数据挖掘（data mining，DM）这一术语是在1995年举行的美国计算机年会首次提出的。数据挖掘又称为从数据库中发现知识（knowledge discovery from database，KDD），而KDD这一术语是在1989年举行的第11届国际联合人士智能会议上首次出现的[1]。

数据挖掘涉及数据库、统计学、人工智能、数据可视化和机器学习等多个技术领域。在具体实施数据挖掘的过程中，使用的算法对挖掘结果的精确度有很大的影响，目前国内外研究者的研究重点主要是在相关算法的提出和改进方面，从这一点上来说，数据挖掘和KDD具有很大的相同之处，因此可以将二者作为同义词来使用。

至今，数据挖掘技术已被各个领域广泛应用，具有分析功能与需求的数据仓库或数据库是可以进行数据挖掘的前提条件，最常见的案例多是在商业、金融业以及企业的生产、市场营销等方面。

在市场营销行业，从业务数据中挖掘出消费者的行为习惯，可以从消费记录中挖掘出其最喜好的产品组合，这样可以为推出新产品、开展促销活动的时机点提供决策性建议，等等。例如利用数据挖掘分析客户群的人口统计，消费形态，交易记录等，再结合已知的数据，依据顾客对品牌价值等级的高低认知来给顾客分组，进而达到针对不同的消费者采取不同的营销策略，以最大限度地减少不必要的营销费用。制造业多将数据挖掘技术运用在产品的品质管控方面，从生产制造过程中发现影响产品质量的关键因素，用来提高作业流程的效率。

金融行业可以利用数据挖掘技术来分析市场动向，并根据各个公司的营运情况来预测股价走向。数据挖掘技术还可以应用在医疗行业，用来预测诊断的效率和手术、用药预期效果。

---

[1] Wei S, Soon C P. Genetic algorithm for text clustering based on latent semantic indexing [J].Computers and Mathematics with Applications，2009，57（11-12）：1901-1907.

3. 数据挖掘的一般过程

数据挖掘一般可以分成三个阶段，即数据的预处理、数据挖掘具体实施和对挖掘结果进行评估与表示。具体过程如图2-8所示。

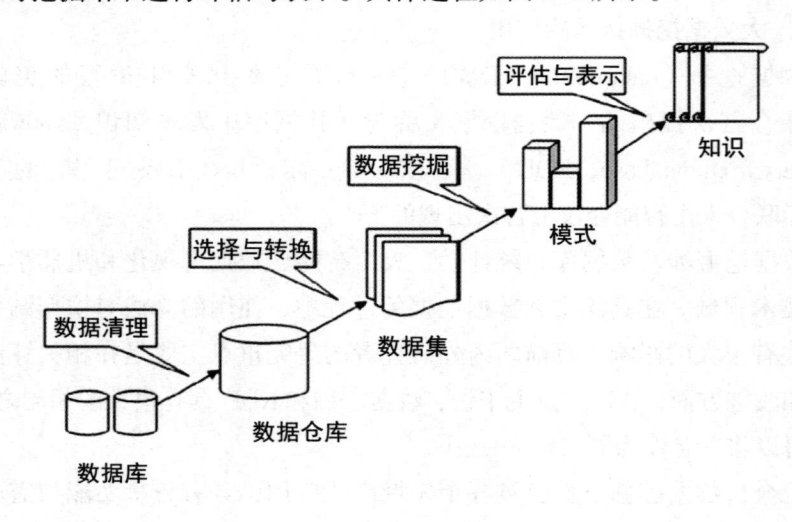

图2-4 数据挖掘的一般过程

（1）数据预处理

数据挖掘的目的是从海量的数据中挖掘出有用的模式或信息，所以源数据的好坏直接影响到数据挖掘的结果，质量差的数据源将产生质量低的挖掘结果。海量的数据中不可避免地会包含大量的噪声数据以及具有不一致性和不完整性特点的数据。因此，数据质量的检测和纠正是数据挖掘之前必要的、不可忽视的重要环节，数据质量的检测和纠正统称为数据预处理。数据预处理步骤包括下面四个过程，即数据清理（data cleaning）、数据集成（data integration）、数据变换（data transformation）、数据归约（data reduction）和数据离散化（data discretion）。

①数据清理。噪声数据一般是指那些包含错误的数据或者存在偏差的数据。噪声是测量误差的随机部分，包含错误或孤立点的值。数据的不一致性是指数据前后存在不一致的情况。数据的不完整性是指数据中的某些属性值是缺失的。数据清理即是试图填充缺失的数据，去除噪声并识别离群点、纠正不一致的数据。一般情况下，数据清理过程中，也要删除掉重

复记录。

对缺失数据的处理包括忽略元组、人工填写、使用全局常量填充、使用属性的均值填充等方法。目前最流行的一种方法是使用最可能的值来填充，即用已有数据的大部分信息来推测缺失数据的值。

平滑噪声的方法有以下三种。

A. 分箱。该方法是通过考察数据的近邻（即周围的数据值）来平滑有序数据的值。

B. 聚类。可以通过聚类检测离群点，将类似的值组织成簇，落在簇集合之外的值被视为异常值。

C. 回归。通过回归方法（线性回归、非线性回归）拟合数据来光滑数据。

②数据集成。数据集成就是合并来自两个源或多个源的数据。同一个属性在不同的数据表中取的列名可能不同，因此在进行数据集成时最大的缺点是容易造成数据的不一致问题和大量的冗余数据。这些冗余数据会在很大程度上降低算法的运行速度，严重的还会产生错误的或者无用的数据。所以，消除一些冗余的数据是数据集成中要解决的首要问题。在数据集成期间将一个数据库的属性与另一个匹配时，要特别注意数据的结构，以确保函数依赖和参照约束的前后匹配。

③数据变换。对数据进行规范化（normalization）操作叫作数据变换。数据变换一般包括光滑、聚集、数据泛化、规范化和属性构造等内容。对于使用基于对象距离的挖掘算法进行数据挖掘，必须要把数据的值缩小到特定的范围之内，也就是要对于数据进行规范化操作。

④数据归约和数据离散化。数据归约指的是在保证不会影响（或基本不影响）最终挖掘结果的前提下，缩小所挖掘数据的规模[1]，数据归约的策略有：数据立方体聚集、属性子集选择、维度和数值归约以及离散化和概念分层的产生。

（2）数据挖掘的具体实施

数据挖掘指的是采用智能算法从源数据中提取出有用数据的模式。选择哪种智能算法是至关重要的，因此，在数据挖掘之前必须要明确进行挖

---

[1] 孙吉贵，刘杰，赵连宇，等. 聚类算法研究 [J]. 软件学报，2008（01）：49-61.

掘的目的或任务，比如聚类、分类、关联规则等。明确了基本目的或任务之后，就要分析选择一种最优的算法。使用最优的算法解决明确的问题，这样才能较好地挖掘出有用的数据模式。选择算法的时候应该考虑下面两个问题：一是根据用户的特殊需求选择合适的算法；二是对不同类型的数据采取不同的算法。

（3）挖掘结果的评估和表示

对于数据挖掘发现的模式，必须要确定这些模式是否是有趣的，也就是对挖掘结果进行评估，必须要删除存在冗余或无关的模式。有趣的模式具有以下五个特点：①便于理解；②检验新生成的数据在某种程度上是有效的；③具有潜在的价值；④新型的；⑤满足用户确信的某种假设。而对于不满足用户要求的一些模式，则要重新回到发现过程的前面阶段，如：换一种方法重新进行数据变换，重新选取数据，使用新的参数值，或者更换一种挖掘算法等。不仅如此，还要进行可视化处理，或者把挖掘结果表示为用户易懂形式。

数据挖掘是整个挖掘过程的步骤之一，有两个因素能影响数据挖掘的质量：一是选取的数据挖掘技术的有效性；二是数据源的质量。如果在挖掘的过程中使用数据错误或选择属性不合适，或者数据转换不恰当，则挖掘的结果肯定达不到要求。整个挖掘过程是一个反复迭代的过程，如果在过程中发现当前的结果不好，或是使用的挖掘技术没有生成预期的模式，此时，就需要在程序上回跳到先前的某个状态，或者重新开始运行。

4. 数据挖掘工具

SQL Server 2005 进行挖掘工作的环境为 Business Intelligence Development Studio（BIDS），该环境内嵌在 Microsoft 公司的 Visual Studio 中，用来提供完整的商业信息化运作的开发经验，数据挖掘只是该方案中的一部分。BIDS 可以用来提供强大而有效的数据挖掘功能。可以利用 BIDS 创建一个强大的 integration services 方案，用于从 OLTP 系统中提取数据，也可以创建一个 analysis services 方案。

（1）BIDS 中的组件

BIDS 中包含的重要组件包括：

①解决方案资源管理器：用来管理和解决方案，也可以用来创建和管理对象；

②标签页：可以方便地在各个设计窗口之间转换；

③设计窗口：用来编辑和分析各个窗口；

④设计标签页；

⑤属性窗口：显示当前选中条目的属性；

⑥菜单栏；

⑦错误窗口。

（2）BIDS 的工作模式

BIDS 工作包括两种模式：

①联机模式。在联机模式下，BIDS 可以与分析服务器直接连接，这样，当打开一个对象时，可以直接在服务器上打开；修改或更新该对象时，也可以立即在服务器上修改和保存该对象。因此，在联机模式下，一个 BIDS 方案就是一个链接，用来连接服务器上的数据仓库。联机模式与离线模式最大的区别是安全性，在联机模式下，只能在一个单独的数据库的范围内工作。

②离线模式。当操作方案的文件都保存在客户端时，所有对象的更新内容都以 XML 的格式保存在客户端，这些对象并没有与服务器建立连接。

SQL Server 2005 Analysis Services（SSAS）提供了完整有效的解决方案，通过 Analysis Services，用户可以高效地设计、创建和管理数据挖掘模型，并且在客户端可以快捷地访问数据挖掘的数据[1]。

采用 BIDS 和 SSAS 进行数据挖掘的一般过程如下：

①创建"商业智能项目"。在安装 SQL Server 2005 后，启动 SQL Server Business Intelligence Development Studio，新建一个"商业智能项目"。

②数据源的设置。用户选择"数据源向导"功能，就可以为某个关系数据库或数据仓库创建一个数据源。

③使用数据源视图。数据源视图（DSV）给用户提供了一种方便有效

---

[1] Jain A K, Murty M N, FLynn P J. Data clustering: A review [J]. ACM Computing Survey, 1999, 31（03）: 264-323.

的显示数据、查询数据的方式。

④使用挖掘结构与模型。SSAR 包含两个主要用于数据挖掘的对象：挖掘结构和挖掘模型。

挖掘结构定义生成挖掘模型时依据的数据；数据挖掘模型则是从挖掘结构中获得数据，然后使用挖掘算法分析这些数据。挖掘结构指定源数据的视图、列的数量和类型以及分为定型集和测试集的可选分区。单个挖掘结构可以支持多个共享同一个域的挖掘模型。

挖掘模型的定义，包含一个含有伴随参数的算法，再加上从挖掘结构中得到的数据列清单。挖掘结构中每一个模型都可以把不同的参数放到不相同或相同的算法中使用，并且可以使用挖掘结构中的列的子集。挖掘模型中的每一列，用户都可以指定在模型中如何使用以及特定算法的模型标签。这种特性让用户方便地对同一数据子集的不同假设进行测试。

挖掘结构和挖掘模型通过 SQL Server 2005 Analysis Services 中的"数据挖掘向导"来完成。当创建完成挖掘结构和挖掘模型后，可以通过数据挖掘设计器对建立的结构和模型进行编辑、浏览、查询和比较等操作。

⑤挖掘结果分析。建立了数据挖掘模型之后，用户可以通过数据挖掘设计器中提供的"挖掘模型查看器"以及"挖掘模型预测"对挖掘结果进行详细分析。分析结果可以为用户提供决策支持，亦可以通过图形显示，方便用户做出数据分析报告等。

四、大数据可视化技术

（一）数据可视化技术的内涵

数据可视化技术是关于数据表现形式的一门技术研究，数据的视觉表现形式是以一种概要形式，通过数据抽象数据清洗提炼出来，主要包括相应数据信息的各种属性和数据值等内容[1]。数据可视化技术的技术内容比较高端，主要包括图形图像、数据处理、数据视觉以及用户展示界面等，通

---

[1] Great Ideas From Other Teachers. Class Dojo Helpdesk. https://classdojo.zendesk.com/hc/en-us/articles/202978905-Tips-to-get-started-as-a-teacher. 2015.

过数据表达、建模以及数据表面、立体数据、数据属性以及动画或者图表形式显示,对数据进行预处理、数据清洗、数据加工,并且以可视化形式进行展示。目前,数据可视化技术应用非常广泛,企业报表、电商客户分布、地图数据分析、仪表盘、大屏幕数据图表等都是数据可视化中图形图像的应用[①]。数据可视化技术主要是把数据库中的数据项通过数据加工,形成图元元素,通过图元元素组合成大的数据图像,通过数据的各个属性之间多维度关联,清洗数据,从不同维度对数据进行分析查看,并且以图表的形式进行显示。数据可视化技术主要就是借助图形化的方式,清晰地把数据库内容展示在用户面前[②]。数据可视化是一个比较新颖的、高速发展的领域,目前在研究、教学和开发多个方面有着很好的发展。目前市场上比较流行的图形图像报表工具,主要包括 Echart、Highcharts、JfreeChart 和 Excel 等工具,这些工具都可以通过数据生成柱状图、条形图、饼图、折线图等等。下面对 4 种工具进行功能性比较描述,如表 2-3 所示。

表2-3 可视化图形工具比较

	Echart	Excel	Highcharts	JfreeChart
柱状图	√	√	√	√
条形图	√	√	√	√
折线图	√	√	√	√
面积图	√	√	√	√
散点图	√	√	√	√
气泡图	√	√	√	√
K 线图	√	√	√	×
饼 图	√	√	√	√
环形图	√	√	√	√
雷达图	√	√	√	√
力导布局图	√	×	×	×
和弦图	√	×	×	×

---

① Class Dojo's Sam Chaudhary Talks Changes, Criticism, and Communication. Gross, A. http://www.educationdive.com/news/classdojos-sam-chaudhary-talkschanges-criticism-and-communication/360771/. 2015.

② Alexandros L, Jagadish H V. Challenges and opportunities with big data[J]. Proceedings of the VLDB Endowment. 2012, 5 (12): 2032-2033.

续表

	Echart	Excel	Highcharts	JfreeChart
曲面图	×	√	×	×
地 图	√	×	×	×
仪表盘	×	×	√	√
拖拽重计算	√	×	×	×
数据视图	√	√	×	×
图片导出	√	√	√	√
动态类型切换	√	×	×	×
值域漫游	√	×	×	×
大规模散点	√	×	√	×
数据区域缩放	√	×	√	×
图例开关	√	×	√	×
多维度堆积	√	×	√	√
混 搭	√	×	√	√

1. ECharts

ECharts 是百度商业前端数据可视化团队开发的底层框架[①]，是基于 Html5Canvas 类库采用 JS 和 Html5 技术进行实现的，开发周期相对比较短，支持平时常见的柱状图、饼图等。

2. HighCharts

High Charts 是采用 JS 进行开发的，能够方便地在 B/S 结构的项目中进行开发图表，在 Web 前端数据可视化项目中应用非常广泛，能够提供友好的交互式图表，方便使用。

3. JFreeChart

JFreeChart 是采用 Java 技术开发的图形图表类库，它可以运行在 Java 应用程序、Servlet 以及 JSP 页面中，JFreeChart 常常用于生产饼图、柱状图，输出成 PNG 或者 JPEG 格式，方便数据的操作和显示。

通过上面的三种图形可视化工具都可以对数据进行可视化显示，每种开发工具都有不同的开发方式，都有自己的实用场景。

---

① 黄宇栋. 百度 Echarts 在可视化分析中的应用 [J]. 金融科技时代，2018，26（6）：43-45.

（二）可视化技术的分类

针对不同的问题与需求，人们研究出了种类繁多的可视化技术，这些技术均具有一些各自的特征。

综合各种可视化技术的特点与适用性等因素，可视化技术的类型主要分为6种，即标准2D/3D技术、几何技术、基于图标的技术、面向像素技术、基于图形的技术和分层技术。

1. 标准2D/3D技术

标准2D/3D技术是一项非常实用并且应用广泛的数据可视化技术，柱状图、直方图、折线图和饼图等都是常用的可视化图形。

2. 几何技术

几何技术包括几何投影技术和几何变换技术。几何技术通过投影变换将数据进行转换，比如地图就有多种投影类型，都有各自的优缺点。几何技术常用的图示主要包括平行坐标、散点图、地形图等。

3. 基于图标的技术

基于图标的技术是提前定义好一定数量的图标，这些图标的不同属性可以用来表示数据项的不同维度，例如颜色、大小、形状等，之后将每一个多维数据元素与这些图标进行映射，再将这些图标按照一定的顺序进行排列，以此来表示出这些多维数据。由于图标的定义和适用对象不尽相同，所以具体实现方法也各种各样，主要有彩色图标、树形图和脸谱图等。

4. 面向像素技术

德国慕尼黑大学的D. A. Keim提出的面向像素技术，它的基本思想是将屏幕中的每一个像素点与数据项中的数值进行映射，由于屏幕像素的颜色可以动态调整，并且不同的数据属性之间使用不同的窗口分别展示，以此来进行维度的划分。由于目前显示器的分辨率较高，因此使用这种方法可以展示出较大规模的高维数据，从而显示出更多的相关信息。

5. 基于图形的技术

基于图形的技术是一种利用图形描述数据的技术，这些图形可以是折线、曲线与直线等简单图形，也可以是对称图、有向图与聚类图等复杂图形。基于图形的技术的基本方法就是在图形中找到数据值的位置，再利用线段将这些数据进行连接。例如，可以使用折线图来表示每年招生人数的情况，将每年的招生人数定位在图形中，利用线段将这些数量点进行连接，从而展现出每年招生人数的变化趋势。

6. 分层技术

分层技术通过对可视化图形的面积进行划分，使得这些图形变为层次分明的子空间来展现数据，常用的实现方法有矩阵树图（tree map）、锥形树（cone trees）、维栈（dimensional stacking）等。在表示树形结构的数据时可以使用分层技术，比如课程知识点信息，就可以采用分层技术，对课程知识点数据进行层次划分，从而展现出不同层次的数据。

（三）可视化的数据类型

根据数据类型可以将数据分为低维数据、高维数据、时态数据、层次数据和网络关系数据。

1. 低维数据

低维数据一般指线性数据、二维数据和三维数据。目前的数据可视化技术可以很容易地将低维数据以多种可视化方式展现出来。

2. 高维数据

高维数据通常用来描述具有三种以上维度的数据，每一种属性在视图上大体相同。在现实生活中，高维数据出现的频率非常大，例如一台电脑的硬件信息，包括显示器、网卡、键盘、内存、硬盘和显卡等。由于高维数据很难构想出它们的数据图像，因此可以借助数据可视化技术来帮助人们理解。

3. 时态数据

时态数据，简而言之就是随着时间变化产生的数据。时态数据与日常息息相关，例如某一个航班在几年之中的载客人数以及远程教育平台一年中每天的访问次数。使用可视化技术对时态数据进行展示，可以发现这些数据随着时间变化呈现出的规律。

第三章　大数据技术在教育领域的应用研究

近年来，随着信息通信技术和互联网技术的普及和深入，大数据在教育领域的应用也开始受到相关机构组织和专业人员的关注。教育领域被认为是一个大数据可以大有作为的重要应用领域，一些研究者大胆地预测：大数据将为教育带来真正的变革[①]。

推动大数据在教育领域的应用，是我国教育发展的现实需求和未来趋势。继教育部在《教育信息化十年发展规划（2011—2020 年）》（教技 [2012]5 号）中提出要"推进信息技术与教育教学的深度融合，实现教育思想、理念、方法和手段的全方位创新，提高教育质量、促进教育公平、构建学习型社会和人力资源强国"[②]的战略指导意见之后，国务院于 2015 年 8 月 31 日发布《促进大数据发展行动纲要》（国发 [2015]50 号），对大数据的教育领域应用进行了顶层设计与规划，在即将实施的公共服务大数据工程中，确定建设教育文化大数据的重要地位，并将加强专业人才培养作为我国将要建设的大数据七大政策机制之一。教育关乎国计民生，教育问题又异常复杂，大数据在重塑教育方面具有无限的潜能。在当前形势下，教育大数据从战略角度应定义为推动教育变革的创新战略资产、推进教育领域综合改革的科学理念以及发展智库教育的基石。

本章主要从大数据技术在教育领域应用的历史、意义及其应用模式三个方面对大数据技术在教育领域的应用加以概述，在此基础上，分析大数

[①] 维克托·迈尔·舍恩伯格，肯尼思·库克耶. 与大数据同行：学习和教育的未来 [M]. 赵中建，张燕南，译. 上海：华东师范大学出版社，2015.
[②] 教育部关于印发《教育信息化十年发展规划（2011—2020 年）》的通知 [EB/OL].（2012-03-29）[2021-10-15]. http://www.moe.gov.cn/srcsite/A16/s3342/201203/t20120313_133322.html.

据教育应用可能带来的伦理风险并探讨应对策略，以促进大数据与教育实现深度融合。

一、大数据技术在教育领域应用的历史

随着云计算、物联网、人工智能、数据挖掘和机器学习等信息技术的发展，教育领域中的数据处理与应用也随之起步并逐渐走向深入。大数据教育领域应用的发展大致经历了三个不断递进的阶段，分别是初始起步阶段、重点探索阶段和快速发展阶段[1]。

（一）初始起步阶段（1970—1997年）

早在20世纪70年代，教育领域就开始尝试采用计算机等信息化手段改善教学实践和研究，其中最有代表性的是源于人工智能技术的自适应学习系统。该系统由专家模型、学生模型、指导模型和指导环境等子系统构成，通过对学习者的学习方法、学习习惯和学习过程进行数据采集和分析，达到改善学习方法、提高学习效率的目的。然而，此类尝试的发展，受到了当时过高的计算机使用成本的限制。

始于20世纪80年代中期的数据仓库，因其具有主题性、集成性、时变性和非易失性等特点，成为数据分析和联机分析的重要平台[2]。教育机构基于数据仓库提供的多种应用系统的历史化数据，进行教育趋势分析和决策制定。20世纪80年代末90年代初，知识发现和数据挖掘技术的研究倍受关注。1989年8月，在美国底特律召开的第11届国际人工智能联合会议（International joint Conference on Artificial Intelligence，IJCAI）的专题讨论会上，首次提出了术语"知识发现（knowledge discovery in database，KDD）"，意指从"数据集"中识别新颖的、潜在的、有价值的知识。此后，多家软件公司推出了数据挖掘软件产品，在北美、欧洲等国家的各个领域得到了应用。

这一阶段，计算机开始被引入教育领域中，教育数据对教学的改善作

---

[1] 唐斯斯，杨现民，卓志广，等. 智慧教育与大数据[M]. 北京：科学出版社，2015.
[2] 陶雪娇，胡晓峰，刘洋，等. 大数据研究综述[J]. 系统仿真学报，2013，（1）：142-146.

用引起了学术界和社会的重视。然而,由于计算设备的普及率较低,数据处理技术尚待成熟,数据的采集和存储受到技术和设备的限制,教育领域中的数据应用仍处于初级阶段。

(二)重点探索阶段(1997—2008年)

2002年,美国通过了《教育科学改革法案》,要求教育政策必须在实证数据的支撑下制定。2004年,"智能导师系统"和"人工智能系统"在高等教育中的应用引起学术界对"教育数据挖掘"的研究热潮,关注学习者行为的学习分析技术也由此问世[①]。自2005年起,在多次人工智能教育应用和智能导师系统的国际会议中,均开展了以教育数据挖掘为主题的研讨会,各界人士共同探讨学习系统中教育数据的分析技术和基于数据改进系统适应性的方法。2008年,关注教育数据挖掘的研究者成立了国际教育数据挖掘工作组,每年召开教育数据挖掘国际会议。2011年,国际教育数据挖掘协会在美国马萨诸塞州成立,该组织关注数据挖掘技术在教育领域中的应用,主要研究在教学研究和教务管理中的教育数据挖掘。

这一阶段,随着教育信息化进程的不断推进,涌现出一系列独立的教学管理信息系统,如学习管理系统和教务管理系统等。这些数字化平台收集和存储了大量学生和教师信息数据、学习过程数据、学习结果数据和教学管理数据。教育数据挖掘技术迅速发展,形成了一些从教学系统的海量数据中挖掘信息的方法;然而由于学习分析技术的相对落后,数据的潜在价值尚未得到充分挖掘。

(三)快速发展阶段(2008年至今)

2008年9月,《自然》杂志出版大数据专刊。2010年,报告《有多少信息?——企业服务器信息报告》中提到,全球服务器处理的数据总量已经跨入ZB时代,各种类型的数据呈指数级增长,人们需要依靠大数据技术解决传统数据库难以处理的数据激增问题。2012年3月,美国政府公布《大数据研发计划》,投入2亿美元的资金,用于提高采集、储存、保留、管理、分析和共享海量数据所需的核心技术。该计划的目标是改进人们从海量和

---

① 魏顺平. 学习分析技术:挖掘大数据时代下教育数据的价值[J]. 现代教育技术,2013,(2):5-11.

复杂的数据中获取知识的能力，加速美国在科学与工程领域发明的步伐，转变现有的教学和学习方式。同年10月，为了促进大数据在美国教育中的应用，向美国高等院校和K12学校提供教育数据应用的有效指导，美国教育部发布了名为《通过教育数据挖掘和学习分析促进教与学》的重要报告，报告涵盖了个性化学习阐释、教育数据挖掘和学习分析解读、自适应学习系统中的大数据应用介绍、教育数据挖掘和学习分析相关案例以及大数据教育领域应用面临的挑战和实施建议等五个方面的内容。

这一阶段，数据总量和种类随着信息技术的飞速发展得以迅猛增长，政府部门和社会公众建立起大数据意识和观念，数据的价值已经被逐渐认识和关注。教育数据挖掘和学习分析技术进步显著，被实施于诸多教育实践之中，并且正在形成一定的规模效应。政府、企业和高校广泛开展教育数据的应用探索和相关研究，标志着大数据的教育领域应用进入了快速发展的阶段。

二、大数据技术在教育领域应用的意义

过去，由于受到技术水平的限制，教育教学活动相关数据的大规模采集和处理存在诸多困难和障碍，如今，随着移动终端设备的普及、云计算服务的发展和大数据分析技术的突破，基于大数据分析的实证教学正在逐步变为现实。数据科学家维克托·迈尔－舍恩伯格曾指出，大数据和教育的结合，将超越过去那些"力量甚微的创新"[①]，真正颠覆传统的教育模式，引领教育转型和变革。大数据在教育领域应用的实践意义，在于帮助我们以前所未有的视角判断什么可行、什么不可行；展示那些过去不可能观察到的教学层面，实现学生学业表现的提升；基于学生的需求为其定制个性化教育，在促进理解的同时提高学习效率，具体表现在大数据为学习和教育带来的三大转变，分别是把有效努力从无效努力中分离出来的教育反馈、迎合学生个体需求的个性化教育教学、基于大规模数据集进行的概率预测。而具

---

① 维克托·迈尔－舍恩伯格，肯尼思·库克耶. 与大数据同行：学习和教育的未来[M]. 赵中建，张燕南，译. 上海：华东师范大学出版社，2015.

备大数据时代特点的教育数据,是上述三大转变得以显现的基础和前提。

(一) 大数据时代的教育数据

时代的发展和信息技术的完善,促使教育数据呈现新的趋势,这些新的数据特点,将为教育发展带来新的增长点。教育数据产生于教学活动中的每一个环节,如教育环境设计、教育场景设置、教学过程、教学评价、教育管理和决策等;教育数据也来源于看似与教育无直接关联的其他层面,如学生上网学习行为数据和校园卡操作数据等。随着教育信息基础设施的不断完备,各种信息化软件工具、资源与系统渗透到教学活动的方方面面,数据的采集渠道日益丰富,教育数据规模与日俱增。与采用传统手段收集教育数据的时代相比,大数据时代的教育数据,其优越性除了数据规模之外,还体现在数据的实时性、颗粒度、真实性和决策性等方面。

①数据实时性。过去,教育数据的获取一般通过人工方式,数据采集(包括学生整体的学业水平、身体发育与体质状况、社会性情绪和适应性的发展以及对学校的满意度等)往往是周期性、阶段性地进行,实时性相对较差;而大数据时代的教育数据则是通过传感设备实时地、不间断地追踪和获取的,能够留意到每个学生个体在学习中的微观表现,如学习的过程轨迹和情绪表现的变化等。

②数据颗粒度。传统方式采集的教育数据大多来源于阶段性、针对性的评估活动,如较为主观的问卷调查形式等,数据的细化程度和综合程度较低、数据颗粒度较大;而基于大数据技术采集的教育数据,往往来源于过程性、即时性的行为与表现,如学生在习题上停留的时间、在不同学科课堂上开小差的次数、在学习小组中的学习表现及在师生互动过程中的表现等。此类数据具备更精细的数据颗粒度,更适用于多元化、全方位的数据分析。

③数据真实性。过去的教育数据一般在被采集对象(教师或学生等)知情的情况下获得,数据采集的过程往往带有一种刻意性和压迫性,意识到自己身为考试或问卷调查的对象时,必然承受着一定程度上的心理压力,这将不可避免地对数据的真实性和客观性造成干扰;而大数据时代的教育数据获取,整合了先进的观测技术和辅助设备,能够在不影响学生学习、

生活的前提下，实现相对真实和准确的信息采集。

④数据决策性。过去获取的教育数据多用于诠释宏观、整体的教育状况，对教育政策的制定具有一定的积极作用，然而受限于落后的数据采集和处理技术，教育数据未达规模、实时性不足、颗粒度较大，因此对教育决策的支撑力也是有限的；大数据时代的理念更新和技术进步，使得许多过去未受关注和无法采集的信息得以捕捉获取和量化分析，具备新时代特点的教育数据开始成为调整和指导个体教学行为和宏观教育政策的有力依据。

（二）大数据时代的教育反馈

传统的教育反馈通过频率不高的标准化测试获取学生的学业表现，其评价对象是片面的（仅针对学生而非教师及教学工具）、流动方向是单向的（从教师和校方指向学生及家长）、评价方式是单一的（注重学习结果而忽视学习过程）。在个人的求学生涯中，会从家庭作业、课堂参与、论文和测验及出勤记录中获得各类评分，这些数据代表的是学生在教师和校方眼中的学业表现，也就是衡量其学习成果的反馈依据。这种教育反馈更多地聚焦在接受教育的学生身上，很少涉及对教学工具、测验和课堂讲解等教学内容与手段的效果评估。在技术受限的小数据时代，难以实现全面、大规模的教育数据采集，往往只能对测验成绩等简单的数据点加以有限的分析，由此形成的教育反馈几乎是单向的，即从教师和校方指向学生和家长。对特定的学生而言，这种反馈主要用于评价学生对课程的理解程度，针对的是学习的结果，而不是学习的过程。

大数据时代的信息传递是双向进行的，电子书平台能够收集反映学生阅读状态的数据，将分析结果提供给学生、教师和出版商；评价对象不再仅限于身为"消费者"的学生，还扩大到"产品和服务"，即教师和教学工具；关于学生对电子教科书的使用状况的反馈数据是不间断追踪的，同时实现对学习过程和学习结果的关注。就阅读而言，在学生的阅读行为背后蕴藏着大量信息，包括对某个特定段落进行重复阅读的动机、是否在特定段落的空白处做了笔记、是否在文章结束前就放弃了阅读、添加批注和中断阅读的具体位置等等。在过去，这些信息较难察觉和把握，其原因是信息的流动是单向的，即从校方到学生；而如今，信息的传递是双向进行的，电子教科书能够将学生的阅读行为"回话"给校方和出版方，来自学生的反馈无须采用强制手段获取，只需接收电子书系统平台提交的综合数据分析结果，就能精确地掌握教材中的有效内容和无效内容。这种反馈将过去无法获取的教育数据用于学习过程的分析，基于分析结果指导教育改进策略的实施。通过学生对教材的实际使用情况和教材对学习的促进作用，改进教材内容的实践方法，相较于过去凭借主观判断检验教学内容精确程度和偏误的审核方法，能够大大提高教材的相关性和有效性，促进学生的学习理解和学业表现。相关反馈数据不仅可用于既有教学内容的修改和调整，还可以基于实时分析，自动为学生推送满足个体需求的学习内容。大数据时代的双向教育反馈，正在引领教育进入一个高度个性化的新时代。

（三）大数据时代的个性化教育

进入 21 世纪后，世界各国的教育改革都提倡针对学生个体差异实施个性化的教育。个性化教育理念是教育本质和终极目标的体现，是人类长期以来不懈追求的理想教育形态。迄今为止，人们为了个性化教育的实现付出了诸多努力，并且在教学环境、教学方式、课堂组织形式、教学辅助工具等方面做出了巨大的改变：学校建筑注重布局的合理性和实用性，力求满足教学需要；教学过程中更加尊重学生的自主意识，师生关系融洽、课堂气氛和谐；有更多明确责任分工的合作学习安排，激励自主学习；推动教育信息化进程，积极引入数字化教学设备和工具。尽管如此，现代教育中的很多方面与传统教育相比，并没有得到本质上的突破和变革，学校教育仍然映射着工业化时代的经济批量模式：标准化的课堂、统一的教材、同样的习题、按照时间编排的流水线场景，这种教育如同制造工业产品一般大规模地"生产"人才，忽视学生的个人喜好、特质和需求。在其他行业领域中，面向大众的产品即使是批量生产的，消费者也能够根据个人喜好进行选择和定制，而类似的多样化和个性化，却尚未在教育领域大规模地显现。保持一致步伐并在同一时间呈现相同内容的传统教育，更多的是在迎合教师和管理者的要求，而不是学生的要求。

大数据时代的技术和工具，使得其他行业中的多样化和定制化服务，同样可以在教育领域大规模地付诸实践：针对学生个体学习情况的大规模教育数据采集成为可能，学习内容将基于动态的数据分析结果加以改变和调整（举例来说，如果在学习中对某个知识点的理解存在困难，该难点将得到重复说明并纳入之后的习题集，学生只有正确解答相关习题，才能进入下一阶段的学习）；教学安排上将不再拘泥于给定的教科书、预设的科目或课程，也不必以同样的顺序和步调进行，教师和校方不再需要凭借主观判断进行教学策略的制定、教学过程的调整和教学资源的选择，基于大数据的精准分析将帮助他们挑选出最有效的、支持进一步完善和私人订制的教学活动；知识的传递将得到个性化处理，能够更好地适应特定的学习环境、个人偏好和学习能力。以学习者为中心的自适应学习系统（adaptive learning system，也称适应性学习系统）的发展和进步，正是基于大数据应用为学习和教育带来的个性化价值实现的。

（四）大数据时代的概率预测

在教育决策和教学活动中，存在诸多概率性的干预，比如教师对学生家长提出的某些建议（他的孩子需要转校、更换课程、重新考试或是使用特定课本等）。此类干预是基于定性预测（qualitative forecasts）或定量预测（qualitative forecasting）所得的结果制定的。定性预测包括专家调查法和主观概率法等方法，是依靠熟悉业务知识、具有丰富经验和综合分析能力的专业人士，根据历史资料和直观材料，结合个人经验和分析能力，对事物的未来发展在性质和程度上进行判断的预测方法，主要用于对预测对象的数据资料（包括历史数据和现实数据）掌握不充分或对主要影响因素难以进行数据分析的情况。定性预测具有较大的灵活性，重视人的主观能动作用，能够简单迅速地做出预测结果；而另一方面，这种方法由于比较注重人的经验和主观判断能力，容易受到人的知识、经验和能力的束缚和限制，其预测结果往往也缺乏对事物发展趋势的精准描述。定量预测是根据已掌握的比较完备的统计数据，运用数学方法进行科学的加工整理，通过对有关变量之间规律性联系的揭示，预测和推测未来发展变化情况的预测方法。常用的定量预测方法包括时序预测法和回归预测法。与定性预测相比，定量预测偏重于数量方面的分析，能对预测对象发展趋势做出数量上的准确描述；把历史统计数据和客观实际资料作为预测的依据，运用数学模型进行处理分析，受主观因素的影响较少；结合现代化计算技术方法，支持大规模的计算工作和数据处理。然而，定量预测也存在时间资金投入高、不易灵活掌握、对信息资料质量要求较高等缺陷，如根据预测对象某指标过去的变化趋势预测未来发展的时序预测法，其运作前提是假设事物的过去同样会延续到未来，因此在进行长期和远期预测时，不能保证预测结果的稳定性和可靠性；回归预测法从一个指标与其他指标的历史和现实变化中探索其间的规律性联系并将之作为预测未来的依据，为了减少误差、获得理想的预测结果，该方法对样本规模和对随机性、动态性变化趋势的资源支持度具有更高的要求。

依靠大数据技术和工具采集的教育数据，实现了在数据规模、实时性、颗粒度、真实性和决策性上的巨大突破，基于此类教育数据的概率预测，将不再需要教师凭借过往经验做出判断，在提高预测科学性和客观性的同时并不会影响预测的灵活性；能够从随机的、动态的数据中挖掘预测对象的整体变化趋势，得到精准度和稳定性更高的预测结果。被称为大数据核心价值的概率预测，在教育领域中也发挥着至关重要的作用：从大量学习行为的数据分析中可得出一定的秩序和规律，用于预测未来的学习发展趋势，如果发现未来趋势中存在某些影响学习效果的因素，教师和教育管理者能够及时在行为管理或纪律约束等方面采取干预措施，防止这些因素演化为更加严重的学习危机；大数据预测结果也是为特定学生群体（或个体）提供学习建议和导航的依据，比如选择最有效的教材、教学风格和反馈机制帮助其获得最佳的学习效果；以大数据预测结果为依据的教学干预，建立在对学习者学习有效性的总体水平、发展趋势和个体差异的基础上，在提升精确度和细致度的同时，保持高度的客观性和针对性。

三、大数据技术在教育领域应用的模式

（一）大数据教育领域应用的实践途径

1. 教育数据挖掘

教育数据挖掘是指综合运用机器学习、数学统计和数据挖掘的方法和

技术，对海量教育数据进行处理和分析，建立数学模型，发现和解释学习者的学习结果与学习内容、学习资源与教学行为等变量之间的相关关系，用于预测学习者的未来学习趋势。通过来自教育数据挖掘领域专家的访谈意见，笔者总结了教育数据挖掘的四大研究目标：第一，整合学习者知识、元认知、学习动机和态度等多维度的信息，用于构建学习者模型，并预测其未来的学习发展趋势；第二，构建优化教学内容和教学顺序的数学模型；第三，研究不同教学软件提供的教学支持的有效性；第四，构建学习者模型和教育软件教学策略模型，促进学习者有效学习。这些研究目标主要通过五类技术方法实现：①预测，即通过对多个预测变量的整合，推断单一被预测变量的发展趋势，例如基于在线学习环境中学习者对课程内容的操作行为、参与在线讨论的情况、所获测试成绩等数据，预判该学习者在课程学习中是否存在失败的风险；②聚类，即根据数据特性，将数据集划分为特性近似的不同子集，例如根据学习者的个性特征、认知水平、交互模式等将其分成不同的群组，基于不同群组的特性提供适应性学习资源和学习活动；③关系挖掘，即研究数据集中各变量之间的相关关系，并将研究结果作为一条规则进行编码，例如探索在线学习环境中学习者学习行为和学业表现之间的相关关系，用于调整学习内容的呈现方式和序列；④人类判断过程简化，即用一种易于理解的方式描述数据，帮助人们快速判断和区分数据特征，例如通过数据分析技术呈现学习者的在线学习进度；⑤模型构建，即通过对数据集的聚类分析、相关关系挖掘等过程，构建可供未来分析的现象解释模型。

2. 学习分析

2011年，学习分析研究协会（The Society for Learning Analytics Research, SoLAR）举办了第一届学习分析与知识国际会议（The International Conference on Learning Analytics & Knowledge, LAK）会议，与会专家将学习分析定义为"测量、采集、分析和汇报有关学习者及其学习情境的数据集，用以理解和优化学习及学习情境"。新媒体联盟将学习分析定义为"利用松散耦合的数据采集工具和分析技术，研究分析学习者的学习参与、学习表现和学习过程数据，实现对课程、教学和评价的实时修正"。我国学者顾小清等认为，学习分析是运用不同的分析方法和数据模型解释与学习者学习信息相关的数据，研究者可以根据数据解释结果探究学习者的学习过程和情境，探索和发现学习规律；或者根据数据解释深入洞察学习者的学习表现，为其提供与之匹配的反馈，促进更加有效的学习[①]。美国教育部于2012年10月发布了名为《通过教育数据挖掘和学习分析促进教与学》的重要报告，报告将学习分析的概念总结为"综合运用信息科学、社会学、计算机科学、心理学和学习科学的理论和方法，通过对大规模教育数据的处理和分析，运用已知模型和方法解释影响学习者学习的重大问题，评估学习者的学习行为，并为其提供人为的适应性反馈"。例如，教师和学校基于学习分析的结果，调整教学内容和序列、对有潜在辍学风险的学生进行教学干预等。一般来说，学习分析的流程包括数据采集、数据存储、数据分析、数据表示和应用服务等五个环节。

（二）教育数据挖掘和学习分析在教育领域中的应用模式

教育数据挖掘和学习分析可应用于学习者知识建模、学习者行为建模、学习者体验建模、学习者建模、领域建模、学习组件分析和教学策略分析、趋势分析、适应性和个性化等。

①学习者知识建模。采集学习者与在线学习系统之间的交互数据，如答题正确率、所用时间、误答重复率等来自知识点、课程或学习单元层面的数据。通过数据挖掘和分析，构建学习者知识模型，以自动反馈或人工反馈形式，在适当的时间为学习者提供合适的学习内容。

②学习者行为建模。采集学习者的在线学习时间、课程和习题完成情况、在课堂或学校环境中的学习行为变化情况、线上或线下考试成绩等数据，探索学习行为与学习结果之间的相关关系，构建学习者学习行为模型。

③学习者体验建模。采集学习者的学习满意度问卷调查数据及学生对后续学习单元或课程采取的各种行为和表现的数据，构建学习者体验模型，并利用该模型对在线学习系统中的课程及其功能进行评估。

④学习者建模。采集在线学习系统中以及线下的学习者基本信息，通过算法分析，构建学习者个人学习档案，梳理个体学习特征，对特征相近

---

① 顾小清，张进良，蔡慧英等. 学习分析：正在浮现中的数据技术[J]. 远程教育杂志，2012(01)：18-25.

的学习者做聚类和分组处理，最终达到为不同类型学习者提供个性化学习环境并促进有效学习的目的。

⑤领域建模。通过学习分析重构现有领域知识模型，探寻学习单元、课程和知识点等学习内容组织方式与学习结果之间的相关关系。

⑥学习组件分析和教学策略分析。对学习者在线学习的相关数据进行采集和分析，探寻在线学习系统中学习组件的功能以及在线教学策略与学习结果之间的相关关系，进而实现在线学习系统评估。

⑦趋势分析。在一段时间内对学习者在线学习的相关数据进行采集和分析，观察学习者在这一阶段中学习结果的变化，探寻学习者当前学习行为和未来学习结果之间的相关关系，并且利用已发现的相关关系，基于新增学习者的当前学习行为，预测其未来的学习结果。

⑧适应性和个性化。通过对学习者及其学习行为数据的采集、处理和分析，为学习者提供基于个体需求的学习指导，构建实时性、动态性的个性化教学环境，是数据挖掘和学习分析的高级应用。

四、大数据教育应用的伦理风险与应对策略

（一）大数据教育应用的伦理省视的含义

所谓伦理省视，指的是从伦理的立场出发，通过对伦理学理论资源的挖掘，运用伦理的思维或方法探讨大数据教育应用中的问题。也就是从"善"与"非善"的角度对大数据教育应用这一整体性行为所涉及的伦理的观念、行为、正当性、合理性进行分析与阐述，即关注大数据教育应用是否"出乎道德"或"合乎道德"。对大数据教育应用的伦理省视侧重大数据教育应用这一行为进行伦理关怀与人文关照，而非强调其技术手段、效率效能等技术操作层面。

伦理省视不同于基于科学的视角或法律的视角来反思大数据的教育应用。科学的视角是一种确定性的思维模式，是一种对于事实的描述，科学所回答的是"to be"的问题。而伦理学的视角是一种辩护，回答的是"ought to be"或"to do"的问题，是对自身行为或目的和理性的一种辩护。科学

视角与伦理视角之间存在着不可逾越之鸿沟,正如英国哲学家休谟(Hume)所认为的从"是"(to be)不能直接推论出"应该"(ought to be),也就是事实并不能为价值做辩护。当然,所谓的由"是"不能直接推论出"应是"并非强调"是"在伦理上是无用的,相反,事实性知识的缺乏在某些时候还会导致行为上的"非善"。对于"是"与"应是"之区别的强调,是为了凸显伦理之关注侧重不在于"是什么"的问题,不是对事物的揭示,而是对行为与目的的一种解释。伦理省视也不同于法律的视角,"因为最符合法律或服务与特定群体或个人利益的规范,未必对所有它们所影响的人来说都是可接受的。"① 法律服务于特定的利益群体,代表了一定阶级的利益,是一种"底线",法律的方法因而对部分利益群体是可接受的,但并非是"应该接受的"。所谓的可接受不是事实的可接受,而是价值的应该接受。正如赵汀阳在《论可能生活》中写道的"规范总是弱于怀疑的态度",伦理的视角可以帮我们确证目的或行为的合理性或者正当性而非盲目依从于法律。特别需要注意的是,伦理视角作为一种辩护,并不是个人情感与偏好的辩护,不是个人情感以伦理的外衣进行的辩护,而是需要诉诸个人的道德信念与理性思考,需要借助某些立场或原则为行为或目的提供理由,而这一原则或立场也并非是不证自明的,也需要我们对其进行论证。

对大数据教育应用的伦理省视,主要是关注大数据与人的关系,诸如教师的大数据认知与应用能力、学生对待大数据的态度等方面。当然,这也涉及了教育的内容,即关于技术观、师生观等方面的探讨与思考。大数据教育应用主体涉及伦理价值,一方面是主体行动自觉,即如何符合伦理地在教育中应用大数据;另一方面是主体的伦理自识,需要应用主体进行伦理上自我省思,反思自身大数据素养与应用能力,不断提高伦理上的反思与自识,即在教育中用好大数据。大数据教育应用主体需要进行伦理上的自我反思,思考自己如何做一名有道德的大数据使用者,规避大数据教育应用带来的风险,应用大数据更好地服务于"培养人"这一根本目的。

(二)大数据教育应用的伦理风险

大数据的教育应用伴随诸多的伦理风险,这是大数据在教育应用过程

---

① 詹姆斯·P. 斯特巴. 实践中的道德[M]. 程炼,译. 北京:北京大学出版社,2006.

之始与过程之中都必须面对的难题。大数据崇尚相关关系、重视预测、追求个性化等，虽然为教育变革与发展提供了新的契机。但就像克隆技术囿于伦理限制无法应用于人的肉体与生命的复制和改写一样，大数据在应用于人的精神、思维、道德、审美乃至身体的塑造和培育，同样存在重大的伦理困境。这些困境概括起来有三：一是大数据教育应用对学生主体性的削弱；二是大数据教育应用对教育本有价值的冲击；三是大数据教育应用导致教育的"异化"。

1. 大数据教育应用对学生主体性的削弱

主体性是人之为人的本质特点，这种主体地位是人所独有的，也是现代教育应当努力开掘和培植的。大数据时代，通过数据、运用数据，在可以更好、更精准深入长远地开发和培育人的主体性的同时，大数据也极易使学生的主体性受到削弱。虽然，舍恩伯格在《与大数据同行》一书中对大数据教育应用中的硬伤与短板有着深刻的反思，但他本人依然无法有效回应与解决此类问题，这似乎是大数据的宿命和悖论，至少目前还看不到任何消解的迹象和可能。

（1）大数据教育应用侵犯学生自由

自由作为当今社会发展与个人发展都不可忽视之观念，亦是教育所珍视、追求与践行的重要价值或观念之一。教育中的自由一方面表现为自主，即学生自己的事情自己做主，具有选择的权利与机会；另一方面表现为自扶，也就是学生依据自身意志进行选择，对自己的行为负责。

①自主：学生对个人信息控制丧失。

首先，大数据时代，学生数据来源范围更加广泛、类型更加多元、更新更加迅捷，"我们可以从广泛的学习环境和学习领域捕捉学习者不同时间和不同频率的各种数据"[1]。这便意味着由"样本代表总体"到"样本等于总体"的转变，即对学生发展的全方位、全时段数据的获取成为可能。也正是"大数据持续的数据监测、跨平台的数据聚合以及数据的广泛分布

---

[1] Matarazzo T J, Shahidi S G, Chang M, et al. Are Today's SHM Procedures Suitable for Tomorrow's BIGDATA? [C]// Society of Experimental Mechanics IMAC XXXIII. 2015：59-65.

等特征"[1]，使得学生如同身处"全景敞视监狱"中，一举一动都受到监视，对学生乃至家庭的隐私构成了威胁。在此，我们不难发现在大数据教育应用中存在的一个典型矛盾或悖论：一方面，如果拒绝数据的收集，我们便无法使用大数据及其相关的技术以及与之相伴的各种便利；另一方面，如果允许数据的收集，由于数据收集过程的全方位、实时性等需要，学生的隐私会受到侵犯。"许多组织或者个人并没有明确说明它们将如何使用数据、做何种目的使用"[2]，更有甚者，"假借某种特定名义来获得个人同意后收集的数据，但可能是为了某些其他目的而收集的"[3]。另一方面，即使对于合法获取的数据，数据安全的问题依然需得特别关注。近年来，考生信息泄露的报道经常出现于各类新闻中，而这只是个体部分信息泄露，如果大范围发生学生全部在校数据的泄露，其结果不可想象。

其次，永久的数据储存使得学生丧失后续发展的动力。舍恩伯格在《删除：大数据取舍之道》一书中指出："数字技术已经让社会丧失了遗忘的能力，取而代之的则是完善的记忆。"[4]舍恩伯格在书中呈现了一位单身母亲因自身行为被取消教师资格的案例，史黛西·施奈德在2006年完成学业后申请教师并通过教师考试，却因其曾经在 My Space 个人网页上上传个人头戴海盗帽喝酒的照片而被校方取消资格。即便这张照片已经从个人网页中删除，但却被网络爬虫存档。舍恩伯格旨在通过此案例向我们展示遗忘的重要性，同样在教育中也需要遗忘。技术的发展使"数据存储具有更大的密度、更高的吞吐量和更长的使用寿命"[5]，数据的永久储存成为可能，学生所有过往的数据都被以电子化的形式被存储下来，并且伴随其一生。学生在过去所出现的问题、所犯的错误都将会对现在产生影响，使学生对

---

[1] Ben-Porath S, Shahar T H B. Introduction: Big data and education: ethical and moral challenges[J]. Theory & Research in Education, 2017 (03): 243-248.

[2] Alharthi A, Krotov V, Bowman M. Addressing barriers to big data[J]. Business Horizons, 2017(03): 285-292.

[3] Douglas M. Big Data Raises Big Questions[J]. Government Technology, 2013, 26 (4) 12-16.

[4] 维克托·迈尔-舍恩伯格. 删除：大数据取舍之道 [M]. 袁杰，译. 杭州：浙江人民出版社，2013.

[5] Bhat W A. Bridging data-capacity gap in big data storage[J]. Future Generation Computer Systems, 2018 (87): 538-548.

过去的错误心有余悸，也可能会使学生对未来丧失希望，阻碍学生的发展。

②自扶：预测使得学生对自我发展的定位与抉择受到限制。

预测是大数据的一个重要功能，通过对学生既往数据的分析，能够对学生后续的学业发展、就业选择进行趋势预测，也可以对学生可能出现的错误进行预警。以此为基础，教师能够及时施加干预，从而更好地保证教育效果。但是，对学生发展的预测在教育中却产生诸多问题。趋势预测是一种可能性而非必然性，因为"学习和生活轨迹，很少是线性的，不能仅'从字面上'预测学生的发展"[①]。对个体而言，预测可能会剥夺学生自由选择的机会，限制学生未来的发展，影响学生的自我实现。既然未来可以预测，学生不再需要做出选择，也不再拥有各种可能，学生人之为人的尊严、未来的敞开性和可能性将受到践踏。既然未来都已经"写好了"，学生只需要按照既定的路线完成自己的学业，甚至走完自己的一生。

（2）大数据教育应用妨害平等

大数据时代，各类教育资源以数据流的形式跨时空交流成为可能，如以慕课（MOOC）为代表的在线教育等能够使有限的优质教育资源在更大范围内互换与共享。但是，大数据在促进教育资源流动、促进教育公平的同时，也在拉开教育差距。各种作为数据资源的教育资源在不同层次类别的人群范围内并非均匀地"扩散"，特别是在教育数据的获取、占有以及使用上的差距正在逐步扩大。或者说，大数据在某些方面可以促进教育公平，但并非天然地会带来公平，在很多情况下也会导致新的教育不公平，更是值得深思的问题。

教育大数据并非对所有人都是开放的，数据的获取存在机会问题，抑或不是所有人都可以平等地获取教育大数据。联合国大数据发展白皮书《大数据促发展：挑战与机遇》中指出，虽然大部分公开的在线数据（来自"开放网络"的数据）具有潜在的开发价值，但是有大量更有价值的数据被个人、

---

① Zeide E. The Structural Consequences of Big Data-Driven Education[J] .Big Data，2017（02）：164-172.

公司或政府严密控制,无法实现真正的共享。[1] 以城乡教育大数据发展为例,现有的城乡之间的教育数据的获取、占有的不平等现象在大数据时代不仅没有获得改善,差距反而在进一步扩大。城乡在数据设备、网络接入等方面存在较大的差距,而这一差距的存在直接对城乡教育大数据的获取产生影响。相较于农村学校,城市学校有着更为优越的网络环境、更为丰富的数据设备,在教育数据的获取方面具有压倒性的优势。

既然能够高效、快速地获取教育数据,也就意味着部分人群已经具备占有教育数据的能力。城市学校与农村学校在数据获取上的差异,直接导致了两者在数据占有上的不平等。数据获取、占有上的不平等决定了数据使用上的不平等。可以试想,一个为Facebook工作的教育学家或者一个为谷歌工作的社会学家将会获得其他学术团体不会获得的数据。[2] 对于数据使用上的不平等,除了获取和占有之外,还存在一个"能不能"的问题,即数据处理与分析能力上的不平等。大数据的获取、处理与分析能力通常是具有相关专业知识背景的人才能掌握,并非所有人都可以拥有此种能力。教育大数据获取、占有和使用上的不平等,最终导致了一种"文化限制"[3],而这样一种文化或者思维更具"隐蔽性",这也使得原本在教育大数据获取、占有和使用上占据优势的个体或群体会因这样一种文化或者思维的"加持"而如虎添翼,最终更加加剧了教育的不公平。教育是一项培养人的活动,教育的最终目的教育在于促进人的发展。教育的普惠性和包容性也就要求大数据的教育应用必须兼顾教育公平,而数据的垄断则损害了每个人平等获得并使用数据的权利,违背了大数据教育应用的初衷,损害了教育的公平与公正,导致了伦理问题的出现。

---

[1] UN Global Pulse. Big Data for Development: Challenges & Opportunities[EB/OL].(2017-09-29)[2021-01-30]. http://www.unglobalpulse.org/sites/default/files/Big Datafor Development-UNGlobal Pulse June2012.pdf.

[2] Wamba S F, Akter S, Edwards A, et al. How "big data" can make big impact: Findings from a systematic review and a longitudinal case study[J]. International Journal of Production Economics, 2015, 165: 234-246.

[3] Boyd D, Crawford K. Critical questions for big data: Provocations for a cultural, technological, and scholarly phenomenon[J]. Information, communication & society, 2012(05): 662-679.

2. 大数据教育应用对教育的价值造成冲击

（1）大数据价值混杂对教育正向价值的压制

大数据不是凭空产生的，是社会发展的产物，根植于特定的社会与文化环境，存在于一定的社会条件之下，受到社会的制约与束缚，体现了社会的价值倾向与选择。而在大数据时代，数据的来源呈现出多样化的趋势，"代表了不同子群的信息，具有高度异构性"[①]，使得大数据承载的价值更加多元和复杂。与此同时，大数据的使用主体是有着具体价值追求和利益诉求的人，不同个体之间利益与价值的对立与妥协，使得大数据在其教育应用过程中同样负载价值。因此，数据是负载价值的，且所负载的价值是混杂的，既包括正向的、积极的，也具有负向的、消极的。

教育始终离不开价值的选择和判断，以确保教育、个体成长是在正向、积极的方向上运行，任何资料、资源、数据在进入教育之前，都有必要进行价值的审视，不仅要看是否合乎人类一般的、共通的价值取向，不同的使用者还要根据自己的特殊文化背景和需要进行价值上的审视和考量，同时也要根据不同年龄阶段儿童的特点考虑其可接受性。但因为大数据自身特性，大数据教育应用的潜在问题更加突出，因此更加需要价值上的审查。因为大数据与生俱来的价值承载，并不能保证大数据本身具有一定的教育意义和价值，或大数据合乎使用者的价值判断和选择，它更是有待于价值审视、反思、加工和评判的对象。而大数据由于其体量之大、内容之繁，进行价值筛选的任务将更艰难，通过技术处理能够解决一部分问题，但并不能替代人做出全部的价值审查和过滤。面对任何一个细节和信息源，教育从来都不是无立场的和中性的，大数据在提供了更多、更精细的决策和依据的同时，也带来了价值判断的困惑。数据大，所承载的各种混杂、紊乱、负面的价值也同样更大更多更乱，这给教育带来的不仅是干扰和对抗，还可能是消解和颠覆。

因此，大数据所负载的混杂价值与教育应然的价值追求之间存在不可调和的矛盾，大数据中的负向的、否定性的价值对教育应然的正向价值追

---

① Gandomi A, Haider M.Beyond the hype: Big data concepts, methods, and analytics[J]. International Journal of Information Management，2015（02）：137-144.

求造成冲击和干扰。教育的正向价值追求决定了大数据教育应用过程中，必须始终坚持教育的正向价值取向，审慎对待并正确处理大数据背后的负面的、否定性的价值。

（2）数据的工具价值对教育育人价值的僭越

大数据再重要也只是认识和把握教育的一种手段和方式，在教育本有的价值追求和实然存在面前，呈现出的是一种工具性的价值和存在，不应该也不能把大数据推到教育的前台。迷信和崇拜数据、数据为王、一切用数据说话的做法是不可取的，这样做的后果是把活生生的人、把教育的实然状态和育人目的忽略和置后了。

大数据、互联网、云计算、人工智能等技术在当前呈现叠加累进态势，人类社会发生翻天覆地的变化，能否数据化、能否进行大数据挖掘和分析、能否以被写成算法几乎是衡量一切行业和领域是否跟得上时代潮流的基本标准。教育领域当然也不应该排斥新技术革命，而且应该充分利用这次新技术革命的契机。问题在于，正如此前的任何一种新技术一样，在技术应用于教育过程中，在新技术和教育的互动关系中，值得注意的是新技术是为了人更好地生存、生活和成长服务的。在教育这一非常特殊的社会实践中，不可能是以技术本位或技术优先性来考虑问题。技术服务于教育、服务于人生、服务于人的成长，次序不可颠倒。技术进步的双刃剑所带来的问题和导致的异化已为人类所普遍经验，更为一些先贤大哲不断警醒和剖析。大数据应用于教育将直接参与人自身的改写和塑造，数据至上和优先的思想尤其值得深究和反省。虽然目前技术和人的关系极为复杂，技术和人的互嵌、技术改变人的行为和思维已是事实，但当用技术直接塑造人自身时，本末不可不辨。事实上，面对信息化、数据化的浪潮，在教育领域对大数据顶礼膜拜、盲目乐观、数据本位、一切服务于数据的改善和提升，这种苗头已经显现，大数据正成为教育中的新的"意识形态"。大数据使教育成功地"摆脱"了感觉与经验的束缚，支持教育的科学与客观，但是，大数据的"意识形态"地位一旦确立，其工具价值与教育的育人价值的错位和倒置也就来临。数据成为"中心"，并走向"前台"的时候，人的边缘化、异化和消解将成为必然。"一切皆数据""数据为王"是大数据的工具价值对教育更为本体性的育人价值的僭越，所以，必须是人而不是技术成为价值的最终根源和判断标准，是人的最优发展而不是生产的最大限度发展成为一切规划的标准。[①]说到底，从哲学意义上讲，数据既不能成为教育的价值取向，更不能成为教育的最终目的。

3. 大数据教育应用可能导致教育的"异化"

大数据、互联网、云计算、人工智能等技术在当前呈现叠加累进之态势，使得人类社会发生翻天覆地的变化，使"未知""含混""模糊"甚至是"感觉"与"经验"的事物被加以认定和理清，变得更加的"科学""客观"与"理性"。"一切可数据化""数据为王"的大数据因而成为新的认识工具，亦成为推动教育认识深化与发展的重要工具，能否数据化甚至有望成为科学新的代名词。在此基础上，大数据逐渐在教育中获得权威性与话语权，逐渐成为认识教育与推动教育发展的工具，教育无可避免地居于大数据所描绘的科学图景之下。而居于大数据的科学图景之下的教育，极易产生对大数据的依附，这也增加了教育异化的可能。

（1）教育放弃自身逻辑而依附于大数据

大数据凭借其揭示性与解释能力，逐渐在教育中获得"话语权"，大数据的教育应用过程中便逐渐放弃了审慎对待与应用的态度，放弃了对大数据教育应用合理性及其限度的反思，开始接纳并认可大数据所呈现的思维方式与价值取向，而忽视对教育本体性价值的关注，教育的"自我"逐渐被大数据赋予的"他我"所取代，教育也逐渐成为一种听凭大数据安排可以任意"使"之的手段。教育对大数据的依附是对大数据"算计性"与"有用性"的依附，是以放弃教育之本体价值与立场为代价的依附，放弃了本体性价值，亦丧失了其反观自身的传统与能力，丧失了对自身存续之合理性的反思与批判，教育成为一种"无根"的活动。"无根"的教育既然无法内求其存在之依据，便转而求助于大数据及其背后的现代科技。对大数据及其背后科技的追求与尊崇，从本质上讲是对理性及确定性的极致追求，试图通过精巧的计算与规则来寻找其自身存在之根。

---

① Erich Fromm. The Revolution of Hope: Toward a Humanized Technology[M]. New York: Harper & Row, 1968: 96.

教育对大数据的依附的一个表现便是教育中人的主体地位的丧失变为教育活动的对象，也就是教育与人的关系从须臾不可到教育与人的分裂与隔离，教育成为外在于人甚至对立与人的存在。教育依附于大数据而丧失其存在之根基，失去了反观自身的能力，教育开始转而求助大数据，依托大数据来探寻自身存在之根基。教育依托大数据，从根本上讲是对其算计性、功利性的思维方式、价值取向与行动逻辑的尊崇。依托于大数据的教育，更深层次在于将人视作可观测、可数据、可计算的存在，将人所参与的教育实践作为可观测、可计算的存在。既然教育的本质已经由大数据得以规定，教育便不再需要通过"人"来寻求其根基，无须考虑"人"的内涵与需求，教育与人须臾不可离的关系被拆分，教育实现了与人的分离，人旋即变为教育的"对象"而非"主体"。

教育认可并遵循大数据背后深层次的逻辑关系，便在教育中认可、承认与引导大数据的工具理性与工具价值，同时亦将其作为教育活动之行动规约，一切以"是否数据""如何数据""依据数据"为标准与追求。教育对大数据的推崇与遵循，也反过来推动了大数据"算计性""功利性"的思维方式、价值取向与行动逻辑在教育中落地生根，巩固了大数据在教育、在社会发展中的"威权"。

（2）教育对人全面发展的可能性的压制

依附于大数据的教育，人不再是教育的主体而是教育的客体。此时教育中的"人"与"物"无异，都是可数据化、可加工与处理的对象，人的丰富的内涵、价值与意蕴都被大数据的算计性、有用性所抹去。教育对人的全面发展的可能性的压制是指教育培养人的终极目的或价值追求让位于大数据所追求的功利性价值与算计性，教育不再培养具有丰富意蕴与诸多发展可能性的人，转而培养大数据时代所需要的"数据人"。

依附于大数据的教育培养的人，只能是大数据逻辑下所需要的人，也就是"有用"的人。所谓的有用，不是全面发展之人的"有用"，而是基于某一外在于人的目的指导下所培养出来的有"功用"的人，也就是具有某一利用价值的人。在这样一种目标指导下，生命的价值转化为生命的"可用价值"或"有用价值"。

教育对人的全面发展的可能性的压制还表现在教育培养的人丧失了过"可能生活"的能力，也不再需要可能生活。既然生活的可能性被压缩，人过可能生活的能力被剥夺，生活的本有的目的与意义的失去也"水到渠成"。对于生活本有目的与意义的遗忘，生活的空间被压缩，人们放弃了对可能生活的追求与向往，人们对于生活目的与意义的遗忘便是对自身生存之遗忘。生活意义的消亡，个体精神呈现碎片化、生活呈现片面化、世界的整体感丧失，存在的价值趋于虚无。

（三）大数据教育应用伦理风险的应对策略

1. 肯定大数据在教育应用的积极意义

大数据应用于教育领域绝不是"一时兴起"，也非教育面对大数据这一时代背景的"委曲求全"，大数据应用于教育领域是教育发展的"深思熟虑"，是社会发展要求契合教育自身发展需求的重要表现，是新的时代背景下教育的自我更新、自我完善，肯定大数据教育应用的积极意义是对大数据教育应用的前提。

（1）社会实践的变化要求教育改变

马克思认为"全部社会生活在本质上是实践的"[①]。教育作为人的实践的一部分，也是"主体目的性要求的对象化活动"[②]。教育本质上是人依据社会发展要求和自身发展的需求对自身改造的活动。人的教育是一个社会的、历史的过程，社会的要求和人的自身发展的需求在社会实践中不断运动发展，教育也在人的实践活动中运动和发展。大数据产生于人们的生产生活的实践，又在人们的生产生活实践中得到发展。而基于大数据发展而来的技术，从本质上来讲是"人的本质或人的本质的表现"[③]。科技的发展引起了生产力的变革[④]，生产力带动生产方式的变革，而物质生活的生产方式制约着整个社会生活、政治生活和精神生活的过程[⑤]。总之，大数据的出

---

① 马克思恩格斯选集（第1卷）[M]. 北京：人民出版社，1995：56.
② 孙正聿. 理论思维的前提批判[M]. 沈阳：辽宁人民出版社，1997：202.
③ 马克思恩格斯全集（第42卷）[M]. 北京：人民出版社，1979：127.
④ 吴欢，卢黎歌. 数字劳动与大数据社会条件下马克思劳动价值论的继承与创新[J]. 学术论坛，2016（12）：7-11.
⑤ 马克思恩格斯选集（第2卷）[M]. 北京：人民出版社，1995：597.

现带来了社会实践的变化，社会实践的变化也引起了教育的变化。

需要注意的是大数据带来的社会实践变革虽然对教育变革提出了要求，但教育与社会之间并不是亦步亦趋的，教育与社会实践之间有着内在的张力。一方面，大数据为教育提出了新的要求，另一方面，教育对大数据带来的要求并非是全盘接受的，教育在作出自身调整的同时也有其不变的地方。例如，大数据背景下，教育方式、管理方式等都在或多或少的受到大数据的影响，但是教育培养人的这一最终指向却没有发生变化，大数据教育应用依旧需要围绕培养人这一目标来展开。

（2）大数据为教育自身发展的困境的解决提供新思路、新方法

囿于现实情况等因素的阻隔，现今我国教育中存在许多问题，如教育评价方式单一，以终结性评价为主，忽视过程性评价；评价中侧重认知评价，忽视对情感、意志、行为的考察；家校合作育人实际效果有待提高；教育中对学生主体地位的尊重程度不够；在价值观念多元的今天，教育的价值引领作用发挥不明显等。教育需要新的思维方式、教育模式、研究范式以突破现今教育的瓶颈。而强调整体思维、差异思维、相关思维的大数据在学生行为监测、个性化教育、精准预测等方面提供新的思维方式和实践思路，促进教育中现有问题的解决成为推动大数据教育应用的直接推动力。

2. 充分认识教育的特殊性

从教育的特殊性入手思考大数据教育的应用，旨在说明教育的自身禀赋，充分认识和揭示教育的本质，澄清大数据教育应用的价值始点。

所谓教育的特殊性即教育区别于其他事物的根本属性，这一根本属性是由其自身主要矛盾所决定的，对不同事物的区分依据的是不同事物所具有的不同矛盾。在长期的社会实践中，人们创造出，而却无法通过遗传的方式为下一代人所获得，由此便产生了教育。这也决定了教育在产生之时便蕴含着个人发展与社会要求之间的矛盾，全部的教育活动也势必围绕这一矛盾展开，并试图解决这一矛盾。为解决个人发展与社会要求这一矛盾，一方面，教育需要将社会要求内化为学生个人的，这是教育的"社会化"过程；另一方面，个体在内化社会要求的过程中，也在反过来推动社会的变化和发展，这是教育的"化社会"的过程。教育的"社会化"和"化社会"

是一个动态的过程，在教育"社会化"的过程中孕育着教育"化社会"的萌芽，在教育"化社会"中也有着教育"社会化"的意蕴。教育所蕴含的个人发展与社会要求之间的矛盾，也就内在规定了教育自身禀赋，一切教育活动的展开都需要围绕这一矛盾的解决，而这一矛盾的解决所最终要达成的便是"做成一个人"[①]。"做成一个人"的"人"不同于传统意义上个人本位的人，而是"社会化"和"化社会"过程中形成的个人与社会和谐统一的人。

教育的特殊性决定了大数据教育应用的价值始点便是"成人"。所谓价值始点，亚里士多德认为"始点或本原是一种在其充分显现后，就不须再问为什么的东西。"[②]大数据教育"成人"的价值始点也就决定了大数据教育应用过程中最大受益为教育中的人，而非其他外在的目的。当然，这并非排斥在教育活动中有着其他的外在目的，而是强调"成人"作为教育的根本目的，其他的目的只能作为教育活动的其他目的或者是次要目的，二者的目的是不能调换与更改的。一旦大数据教育应用中最终和最大受益者不再是教育中的人，超越了人的发展和社会要求的基本矛盾，从而以外在于教育的事物为目的，大数据教育应用便失去其存在的依据。

3. 明确大数据教育应用的限度

（1）大数据教育应用的数据限度

尽管教育可以凭借大数据实现必要的数据化，但从根本上来讲，个体发展的情感、意志所代表的精神层面是无法数据化的。大数据教育应用的数据限度就成为大数据教育应用的第一个层面的限度。教育可数据化程度为大数据教育应用确立限度的同时，并非意味大数据在教育应用是无能为力的，也非我们应该放弃将大数据应用于教育。既然教育无法完全实现数据化，大数据在教育应用中就应当"做该做的"。认识到大数据在教育应用中的数据有限性，并在具体实践中尊重这种有限性，不仅不会阻碍大数据在教育中的应用，反而能够更好地发挥大数据在教育应用中的作用。

（2）大数据教育应用的认识限度

无论大数据能够在教育中引发多大的变革，带来多大的改变，我们在

[①] 鲁洁. 做成一个人——道德教育的根本指向 [J]. 教育研究，2007（11）：11-15.

[②] 亚里士多德著；苗力田主编. 亚里士多德全集 [M]. 北京：中国人民大学出版社，1997：6.

教育领域都应理性应用大数据。首先，教育是一项复杂的社会实践活动，教育复杂性的根本原因在于教育活动对人的关涉，教育的产生、变化和发展都是围绕人进行的，人的生成性、可变性使教育有别于自然科学，过分地依赖数据化分析，教育本身便是不科学的、有悖理性的。其次，大数据虽然体量巨大且变化速度快，但数据本身的质量无法得到保障，特别是数据中可能会出现虚假信息等，直接影响基于数据的大数据分析。最后，囿于技术的发展和人的大数据应用能力，人们在教育中应用大数据的能力是有限的，如果片面依靠数据，一旦数据脱离人的控制，便会对教育的效果产生危害。总之，需要对大数据教育应用保持清醒的自持，在理性范围内使用大数据。

（3）大数据教育应用的伦理限度

将大数据应用于教育固然是时代的要求和教育发展的需求，但大数据应用于教育领域可能带来的伦理问题也不容忽视。教育的最终目的在于"成人"，教育"成人"的目的决定了教育的一切互动都应是为了人，这也就为大数据教育确立了伦理限度。大数据教育应用的伦理限度在某种程度上可以称为大数据教育应用的底线。因而，在大数据教育应用过程中可能出现的伦理问题，如隐私问题、数据鸿沟问题、预测问题、数据异化问题、数据永久储存等需要我们谨慎对待。

（4）大数据教育应用的价值限度

大数据不仅是一个数据集，还是一种技术，大数据作为一项技术独特的价值取向不同于教育的价值取向，价值限度也称为大数据教育应用的又一限度。在马克斯·韦伯看来，理性可以分为工具理性和价值理性。大数据技术面向的数据世界，或者说是客观物质世界，更多的是一种工具理性；而教育面向的是人本身和精神世界，更多的表现是一种价值理性。大数据教育的应用既不能放弃大数据所代表的工具理性，也不能丢弃教育的价值理性，大数据教育的应用实现的应该是工具理性与价值理性的融合。

4. 提高大数据教育应用主体的数据素养

大数据教育应用主体是大数据教育应用的直接参与者，也是大数据在教育中合逻辑应用的直接推动者，大数据的素养、能力等直接影响了大数据教育应用。因此，解决大数据教育应用的伦理问题，笔者认为应从大数据教育应用主体的治理入手，通过提高大数据教育应用者素质、能力来推动大数据教育应用伦理问题的解决，推动大数据合逻辑的应用于教育。

（1）明确大数据教育应用主体的权责问题

大数据教育活动的主体是教育场域中的人，人在教育教学活动中处于主体地位，教育中大数据的产生、处理、分析、传播等都离不开人。但在大数据教育应用的不同环节有着不同的应用主体，对不同应用主体之间的权责进行分析，是大数据教育应用主体治理的第一步。

一般而言，大数据教育应用主体可以分为教师、学生、教育教学管理工作者、教科研人员。上述人员是大数据教育应用活动的直接参与者，在教育教学工作中面对大数据、使用大数据。他们既有使用大数据的权利，亦是大数据教育应用的责任主体。虽然，大数据教育应用者需要为大数据教育符合伦理应用承担责任，但不同主体参与大数据教育应用的程度不同、不同主体在大数据教育应用过程中发挥的作用不同，不同主体也承担不同的责任。因此，需要进一步明确不同主体在大数据教育应用过程中所应承担的责任，这一责任既包括法律责任这一类的强制性责任，也包括伦理责任，特别是大数据教育应用教师、教育教学管理工作者与教科研人员的职业道德。法律责任需要依据具体的法律规范等来规定，而伦理责任既可能体现于法律规范之中，也可能无法在法律规范中得以具体的体现，但伦理责任是比法律责任更为基本，是在大数据教育应用中主体需要自觉遵守的。虽然当前我国对于大数据教育应用主体权责的区分与建设尚处于初级阶段，也在建设中面临着诸如不同主体间冲突的处理、不同主体已有的道德原则与行业规范与所需规范之间的矛盾的调和等问题，但只有对大数据教育应用主体权责进行区分，才能不断提高大数据教育应用主体的认同感、责任感，才能更加有效、有针对性地开展针对不同主体的培训工作，才能更加规范大数据的教育应用。

（2）强化大数据教育应用主体数据素养的培养

大数据是时代发展的产物，也是教育发展的必由之路。针对"大数据教育应用的伦理问题"，要试图解决这一问题，对大数据教育应用主体权责进行分析之外，还要关注大数据教育应用主体的数据素养的培养，提高使用者应用大数据的能力。

对大数据使用主体进行数据素养的培养，首先要对现有教育领域中教师、管理者等已经参与大数据教育应用的主体进行培训。一般而言，学校往往会购买科技公司的服务，依托专业技术团队来对教育领域中的大数据进行分析与研究，但并非教师、管理者等不需要具备基本的大数据素养。因此，如果要保证大数据教育应用的顺利推进，要从现有的教师队伍、管理群体入手，加强对现有教师等大数据应用主体的培训，增强主体的大数据素养。一方面要会用大数据，这是一项基础性工作，教师或者学生等行为主体要学会运用大数据对自身的发展、教育教学工作等进行分析，并加以改进；另一方面要用好大数据，要学会妥善规避与处理在大数据教育应用过程中产生的诸多问题，如面对海量数据，如何有效利用且不侵犯隐私；教师如何正确对待学生未来发展的预测数据。

另一方面，加强人才培养，特别是未来教师的培养。大数据已然成为一种时代背景，也成为教育发展不可忽视之潮流。因此，基于这样一种时代背景，未来教师的培养也需要在一定程度上进行调整。首先，要依托高校师范生培养，鼓励开设大数据相关课程，特别是与大数据教育应用相关的课程；其次，加强高校与科研机构的解构，特别是大数据科研机构的结合，使师范生深入了解大数据从收集到处理再到分析最后到储存的全过程；最后，要加强高等院校与学校之间的沟通与交流，支持建立实训基地，实现高校、科研院所与基础教育学校之间的师资共同培养的机制。

（3）加强大数据教育应用主体的伦理道德教育

大数据的教育应用不仅仅是一种数据形式、技术手段或者教育教学的工具，更多的是其在应用过程中改变教育的理念，教学方式，个体的学习方式。因此，如何在大数据教育应用过程中规避伦理风险，保持应用主体的职业操守等都是大数据教育应用所应关注的问题，而上述问题都与伦理道德教育有着千丝万缕的联系。

大数据伦理道德教育的实质是大数据的价值观教育，对大数据教育应用进行伦理上的反思、价值上的引导，对大数据教育应用的伦理后果进行预测与反省，使人们在大数据教育应用过程中，不仅看到其积极的一面，而且看到其消极的一面，明确哪些事情可以做，哪些事情不能做，哪些事情需要在何种程度上做。

5. 加强大数据教育应用外部环境的治理

对大数据教育应用伦理问题的治理，除从大数据教育应用主体入手之外，还需要从大数据教育应用的外部环境入手，为大数据教育应用营造良好的外部环境，更好地推动大数据的教育应用。

（1）完善相关法律法规和基本规则

大数据的教育应用带来的诸多伦理问题，除从主体入手，提高主体伦理道德意识，增强道德自律之外，还需要不断完善相关的制度、法律、规定等，依靠法律法规和基本规则约束个体行为。当然，任何制度、法律或规定都不是完美无缺的，需要在实践之中不断调整，推动大数据在教育应用中良性发展，发挥积极作用。

一方面，需要建立大数据教育应用的行业标准。当前，大数据的迅速发展远远超过了行业标准的建设进程，大数据的教育应用也处于无行业标准的状态。因此，导致了大数据教育应用缺乏指导，处于无序状态，也引发了诸多伦理问题。为此，需要制定大数据教育应用的行业标准，以此规定与指导大数据教育应用的行为。诸如，大数据教育应用应该注重保护个人数据，特别是涉及个人隐私的数据；大数据教育应用审慎对待个人发展的预测数据；大数据教育应用应该注重数据收集对象的信息所有权等。当然，行业标准还需要与相应的法律、法规相配合，才能有效保护大数据教育应用的数据安全，预防大数据教育应用伦理问题。

另一方面，需要建立健全相关的数据收集、处理、分析与应用的相关法律法规。当前，大数据教育应用相关的法律规范等滞后于大数据教育应用的现实进程，这也是大数据教育应用诸多问题出现的原因。因此，必须加强大数据教育应用立法，建立健全教育应用的法律与规范，如禁止窃取数据、禁止数据泄漏等问题。

（2）强化对大数据教育应用的监督

大数据教育应用的发展，不仅需要建立健全法律法规与行业标准，还需要建立健全监督机制，加强大数据教育应用的监督。因此，只要建立良性的监督管理机制，形成良好的社会监督氛围，才能切实解决大数据教育应用中的伦理问题，打击泄漏信息、窃取信息等违法行为，推动大数据在教育中的良性应用。

首先，加强行业监督。为解决大数据教育应用带来的伦理问题，更好地引导大数据教育应用的行为、行业发展等，建立行业规范是必要的。但仅仅依靠行业规范的建立来规范大数据教育应用活动是不够的，还需要加强对行业的监督，加强行业自律。

其次，要加强法律监督。大数据教育应用法律、法规执行需要建立相关的监督与管理机构，也需要对相关法律、法规的执行情况进行后续的监督，还需要根据监督情况对已有的法律法规进行调整。第一，要设立大数据教育应用相关的监督机构，此类机构可以与现有教育机构合并，亦可以成立相关的机构。第二，设立相应的监督与检查制度，大数据教育应用的监管需要依据一定的行业规范、法律规范等，还需要遵循固定的监督与检查过程，以此实现监督与检查的科学化与规范化。第三，大数据教育应用的监督需要配以相关的奖励与惩罚，对于符合法律与规范的行为需要给予奖励，也需要对相关的违法行为进行追责。

最后，大数据教育应用需要社会监督。大数据在教育中合理的应用，不仅需要对行业及其从业者进行规范，不仅需要行业与政府的双重监督，还需要社会监督。所谓的社会监督是全社会成员对大数据教育应用进行关注，并对大数据教育应用的违法、侵害伦理等行为进行关注与监督。只有建立起社会监督，才能在全社会形成良好的监督氛围，推动大数据在教育领域的合理、合法应用。

第四章　大数据技术对高等教育教学的影响研究

本章在深入剖析大数据技术对高等教育教学的影响因素的基础上，提出高等教育发展大数据有效应用的策略，并针对国内外将大数据技术运用于高等教育教学之中的具体情况，选取美国 Knewton 公司利用大数据技术开发数字教育平台对学习者进行个性化教学设计和国内华中科技大学首个推出基于大数据分析得出的个性化毕业礼物两个典型案例加以分析。

一、影响因素分析

大数据对高等教育发展的直接影响，核心是大数据作为技术手段优化高等教育教学过程，技术带来的高等教育教学活动创新是驱动高等教育发展的直接力量。大数据作用于高等教育教学活动，遵循数据—技术—思维的逻辑，在教学设计、教学媒体开发、教学技术产品利用、教学管理、教学评价五个环节分别体现出不同的影响作用主线、作用特点和作用关键。

（一）大数据对高等教育教学设计的影响分析

1. 高等教育教学设计的"数据—设计"作用主线

大数据对高等教育教学设计的优化作用遵循"数据—设计"的逻辑展开，大数据语境下的数据从单一的处理对象转化为包含巨大价值的基础性资源，基于复杂数据资源的快速处理、基于大规模数据资源的预测分析和基于复杂数据变量的相关关系解释，而产生的教学设计是大数据作用于教学设计的技术作用主线，基于"数据—设计"的教学设计贯穿学习者、教学资源和教学过程三个部分，以数据分析为基础，大数据为解决设计过程中的相关问题提供技术作用路径（如表4-1所示）。

大数据基于对学习者认知状态、学习风格、学习态度、学习历史、学习交互行为、学习参与表现、学习困难程度等数据的分析，利用聚类分析或者决策树分析模型，构建描述学习者特征、学习者群体特征的解释框架，实现教学设计开展前对学习者更好地了解。在教学资源的设计过程中，大数据在文本、视频、声频等多媒体教学资源的基础上，发挥对复杂数据的获取、采集、分析、管理等功能，实现对学习者共享的学习资源、学习者自主生成的学习资源的融合和集成，使得教学资源不再局限于由教师或教学平台提供，而是将更多的共享、自主教学资源纳入教学资源当中。在教学过程的系统设计中，大数据通过对学习结果与学习内容、学习资源、教学行为等多个变量的相关关系挖掘，对数据进行解释，发现学习内容难度、呈现顺序与学习者学习结果数据的关联，确定教学过程的有效性，对教学过程的实施进行实时修正以促进有效学习，通过构建领域模型得以探索和改进最佳教学内容和教学顺序，最终实现对未来学习趋势的预测。

表4-1 大数据对高等教育教学设计的作用主线

	可解决的问题	数据分析基础	大数据技术作用路径
学习者	学习者特征识别	学习者认知状态、学习风格、学习态度、学习历史	大规模数据聚类、决策树分析
	学习者群组分类	学习环境中的学习交互模式、学习参与表现、学习困难程度	
教学资源	自主学习资源构建 原创学习资源再生 学习资源共享	文本、视频、声频等多媒体教学资源、学习者共享的学习资源、学习者自主生成的学习资源	复杂数据集的获取、采集、管理、分析
教学过程	教学过程有效与否	学习结果与学习内容、学习资源、教学行为等数据	复杂数据变量中相关关系挖掘以及构建模型解释数据
	教学过程的实时修正	学习内容难度、呈现顺序与学习者学习结果数据	
	学习趋势分析	学习者当前的学习行为与未来学习结果的相关关系	

2. 大数据对高等教育教学设计的作用特点

（1）大数据提高了教学设计反馈的时效性

传统的教学反馈往往依靠教师对学生学习表现的经验判断以及通过学生的阶段性测试结果进行反馈，然而这种教学信息反馈存在很大的缺陷。第一，反馈时间较长不能随时就当前的教学过程进行反馈；第二，反馈的内容大多是简单的元素，例如学生的学业测试结果、学生的课堂表现。但是，教学设计不仅需要对学习结果的反馈，还需要对教材的反馈、对教学内容的反馈、对课堂讲解的反馈，用以改进教学过程的反馈。而就学习者来说，教学反馈是对学习课程的理解程度，针对的是学习过程而不是学习结果。理想的教学反馈是双向的并且发生在教学过程中，而在当前的教学设计中无法得以体现的原因在于信息的捕捉和分析存在较大困难。而大数据正在改变这一过程，以往无法获取的学习数据得以用于学习过程的监督和调整，并快速反馈给学习者、教师及教育管理者，用于实现教学过程的实时修正，改善教学系统依据数据实施决策干预。以 MOOCs 为例，采取在教学视频中间隔嵌入相应的测试性题目，形成嵌入式课程测试与评估，将学习内容与测试情况紧密相关，从数据的快速分析与数据解释中判断学生是否正在领会教学材料，学习进程是否顺利，并且还可以将测验结果与课程知识点进行实时相关分析，如果学习者对某一部分的学习内容存在困难，那么这部分将会被纳入随后的习题集中，确保学生有足够的练习机会。在测验进行的同时就可快速定位学习需要加强的部分，实现了知识与测验的详细实时反馈。大数据技术区别于以往分析技术的重要的特征是处理速度迅速，能够实时监督并反馈学习过程。

（2）大数据增强了高等教育教学设计的有效性

学生的个体差异明显地影响着学习的效果，因此教学设计是否与学习者的个性、特点相匹配，是决定教学设计有效性的关键因素。通过大数据的概率预测选择有效的教学资源、教学过程和反馈机制，掌握学习者个体特征和差异描述，监控整体学习状况，预测学习行为，是大数据增强高等教育教学设计有效性的路径。大数据能够在数据聚类分析的基础上将学生群体分类，将个体差异清晰化描述，选择性地推送学习内容和学习方案，并通过对学习结果与学习资源、教学行为的相关关系分析达到预测学生学习行为的目的，据此增加教学方案的可选择性，提高教学设计的有效性。

3. 大数据对高等教育教学设计的重点作用环节

基于"数据—设计"主线而产生的高等教育教学设计的作用主要体现在大数据对学习者特征识别环节和教学资源设计两个环节。

（1）基于大数据的学习者特征识别

学习者特征识别是数据挖掘在教育、学习领域的重要应用，已有的数据挖掘研究应用主要集中在基于高校教务信息管理系统中的数据展开，但仅有信息化教务管理系统中的学生基本信息是不足以描述学生的全部特征的，如何进行准确有效的特征识别，大数据恰好可以弥补这一缺陷。

大数据能够快速高效地从储存着学生信息的复杂大数据集中挖掘出所需要的信息并提取出变量，以"基于认知状态和学习风格的学生模型（CS-LS学生模型）"[1]（表4-2所示）的分析框架为例，通过对学生访问教学资源的频率、学习持续时间记录、练习与测试呈现的数据状态以及学生的基本信息这些数据的搜集和获取，转化为学生模型里面的可识别变量，以学生的认知状态、认知风格、学习历史为变量建立模型描绘出学生特征[2]。在大数据技术的支撑下，可以实现该模型中所有数据的快速搜集和处理，达到在教学设计之前全面地对学习者特征进行分析的目的，对学习者群体加以细分，遵循学生的个体差异，根据学习者特征选择合适的教学资源和教学策略，提高教学设计的个性化。

---

[1] CS-LS学生模型一种基于认知状态（cognitive state）和学习风格（learning style）的学生模型（简称 CS-LS 学生模型），CS-LS 学生模型具体包括四个要素，即学生描述、学习风格、认知状态和学习历史。

[2] 陈仕品，张剑平. 适应性学习支持系统的学生模型研究 [J]. 中国电化教育. 2010（05）：112-117.

表4-2 CS-LS 学生模型数据关系

创建变量	需要搜集的数据
学生描述	学号、姓名、性别、年龄、民族、所学专业、电子邮件
认知状态	学号、知识点编号、准备状态、访问状态、练习状态、测试状态、掌握状态
认知类型	学号、感知型－直觉型、主动型－反思型、视觉型－言语型、全局型－序列型
学习历史	学号、知识点编号、访问的教学资源、学习开始时间、学习结束时间、练习次数、出错题次数

（2）基于大数据的高等教育教学资源设计

对于高等教育而言，大规模和开放教育资源课程已经基本实现了为学生提供各种学习资源的现实基础，而大数据技术在此基础上进一步推进了教学资源的共享性和个性化。首先，大数据最核心的价值在于对海量数据的储存和处理，海量学习资源被高速收集和处理，无论是文本、视频、图片，还是传感器数据以及学生互动数据，无论是结构规范的数据还是非结构数据都能够被转化成海量数据储存在大数据分布式储存平台上，大数据技术支持广泛的数据源、数据格式和数据语言，通过智能搜索引擎和智能查询功能得以迅速被抓取，将"各种学习资源"提供给学生。其次，对大数据的预测与分析提高了教学资源的个性化，基于大数据下的学习者特征识别和学习过程诊断能够遵循学习者知识结构、学习特征预测学习者的学习期望和学习需求，为学习者提供定制化的教学资源。最后，大数据提高了教学资源的共享性和动态性，大数据能够实现对原创生成的教学资源储存和处理，大数据环境下的教学资源不再仅限于固定格式、固定提供者，不仅学习者共享学习资源和创造学习资源将成为一种学习行为，并且学习内容随着针对学习者行为数据的搜集、分析和反馈也会加以动态性的改变和调整。

（二）大数据对高等教育教学媒体开发的影响分析

1. 高等教育教学媒体开发的"数据—技术—开发"作用主线

大数据对高等教育教学媒体开发的作用主要围绕着"数据—技术—开发"展开，将大数据作为教学媒体开发的基础，利用对数据的处理分析技术，包括数据仓库、数据挖掘、智能查询、可视化分析、学习分析、联机处理分析等技术构建个性化、开放化、自主化的高等教育教学媒体，为教学过程搭建个性化、自主化的学习资源或者学习环境。大数据对高等教育教学媒体开发的影响体现在基于大数据的学习资源和学习环境建设方面，将教学数据、学习者行为数据、学业测试结果、学习者历史数据、学习者特征数据等大规模数据进行储存和处理，运用数据仓库、数据挖掘、智能查询等技术搭建高等教育教学系统，通过数据的不同组合与技术的不同应用实现开放教学资源、个性化电子教材、个性化自适应系统的建设（表4-3）。

表4-3　大数据在高等教育教学媒体开发领域的应用主线

在教学媒体开发领域的应用	数据基础	技术作用路径
开放教学资源 个性化电子教材 个性化自适应学习系统 大规模在线教育平台	教学资源数据 师生、生生交互数据 学习者行为数据 学业测试结果 学习者历史数据 学习者特征数据 学习环境数据 教学内容数据 教学评价数据	数据仓库 数据挖掘 智能查询 可视化分析 学习分析 联机处理分析

2. 大数据对高等教育教学媒体开发的作用特点

传统的计算机交互局限于小范围的交互或者局域网的交互，大数据与互联网、物联网的结合打破了时空与地域的限制，使得高等教育教学媒体不再局限于一个课堂之上、一所高校、一国高校之内。基于大数据开发的MOOCs（大规模线上课程开放平台）和类似的SPOCs（小规模限制性在线课程）等已经以低廉的成本和开放性成为重要的学习平台。基于海量教学资源数据和学生行为相关数据的教学媒体开发为传统的教学媒体开发提供了一条新的思路，当前的大规模在线课程以及电子教材等平台已经成为规模空前的数据资料收集平台以及深度的数据融合平台，通过对这些数据进行处理、分析、管理，将教学资源数据化、教学过程数据化，实现对教学过程的评估、预测和管理，获得更加个性化的教学媒体开发。

例如在个性化电子教材的学习过程中，教师能够获得来自电子教材平台的综合数据分析，包括学生如何使用教材、其中哪些地方受到学生欢迎、哪些地方干扰了学生，这正是大数据技术可以实现的地方。电子教科书可以通过数据分析将反馈信息传送给教师和作者，相关的信息不仅可用于教学内容的重新设计，还可以通过实时分析，在某时刻显示出适合学生特定需求的学习内容。通过大数据构建的学习环境和学习资源能够为学生提供较为适合其自身和个性化的课程内容，为学生提供可以实时调整的学习计划，还能够创建一个早期预警系统，以便发现教学过程中潜在的问题，通过大数据的学习分析进一步改善教学的方式和方法，进一步促进学生成绩的提高。

3. 大数据对高等教育教学媒体开发的典型应用

（1）大数据下的个性化电子教材

在线上教学平台中，教学软件中那些为特定课程、特定学习对象制作的软件通常被称为课程材料，电子教学材料或教材。电子教材资源，声、形兼备，能真正实现"多媒体"教学，提高教学效率和教学质量，特别是在远程教育中扮演了最重要的角色，而且在未来相当长的时间里将会发挥更为重要的作用。电子教材的应用原理是根据信息技术和程序模型模拟学习者的学习过程，以其所属专业门类的基础课程以及专业课特点作为教学内容展开教学，同时进行学习效果评价的过程。传统的电子教材只是重视传达和显示，难以实现反复学习和个性化学习内容搜索，例如图文并茂的电子教材用户在学习过程中无法体验到教师对教材全文整体的把握，更不能体验到教师对教材所属学科发展整体的把握，没有教师设计的关于学生提出问题的推理，仅仅只是将课程教材以电子方式的呈现。

基于大数据的数据处理功能与电子教材充分集成，会使电子教材从本质上区别于印刷教材，区别的根本标志主要表现在两个方面：一是大数据知识数据库和学习行为数据库，能够赋予电子教材依据数据进行推理、识别、预测的能力；二是大数据能够容纳海量资源的储存，能够让电子教材集纳该门课程国内外优秀教材内容的长处，优秀教师的讲授的长处，整合能够搜集到的所有优秀内容。

基于大数据的电子教材生成流程（图4-1所示）由海量教学资源知识库、

分布式储存数据库、数据挖掘与分析、智能查询搜索引擎、人机交互接口五个系统连接组成，并实现电子教学教材的开放功能。海量教材知识库用于存放专业领域知识和内容，在开放教学系统中它用于存放全部教材内容，包括文字、图片、音像、课件等教学资源元素，涵盖海量知识节点，它独立于系统中的其他部分模块，这也是基于大数据存储技术实现的电子教材的重要特征。大数据分布式储存数据库用于存放系统的数据，主要用来储存学生的基本信息包括学习兴趣、学习偏好、学习程度、学习行为等学生基于学习平台产生的数据，例如系统运行时用户输入的数据，学生点击某一教学视频的数据、学生反复学习某一知识的数据、分析得到的学习测试中间结果、最终学习曲线反馈结果等，以实现学习者特征识别和学习行为预测等功能。数据挖掘与分析部分负责整个系统上下连通，并储存驱动程序依靠这些程序运行知识库、数据库和搜索引擎，通过快速的数据分析与处理解决用户提出的问题。人机交互接口是用户与电子教材进行联系的部分，展现为该系统的界面，其主要功能是用于输入登录信息、传达搜索命令、输出结果和显示信息内容排列，呈现教学教材内容，通过文字、声音、图像、图形、动画音像等媒介与用户联系；智能查询和搜索引擎是基于数据挖掘与分析部分的推理和解释结果工作的，用户搜索时，数据流汇入数据库系统结合已有学习者信息结合现在传达的学习需求进行分析，从知识库中提取适当的内容作为学习内容，并通过搜索引擎的触发将这些个性化的学习内容推送给学习者。

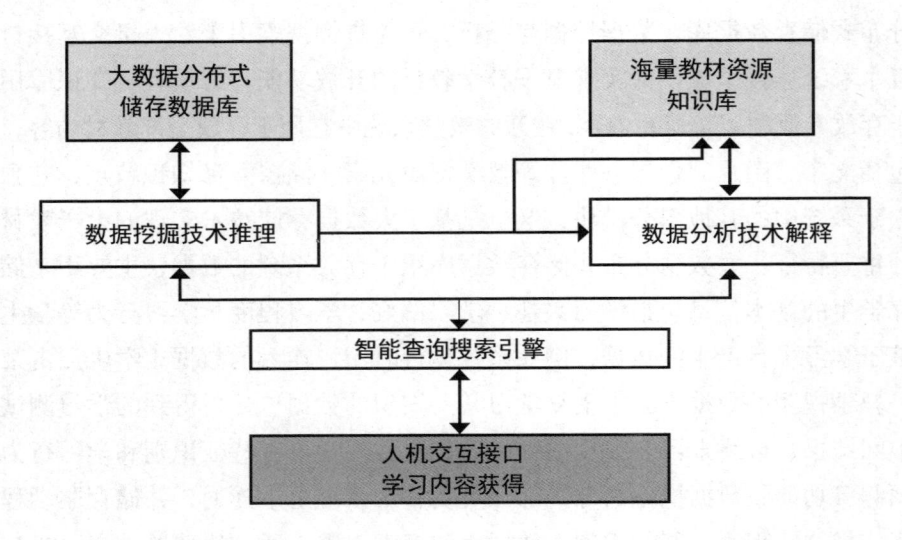

```
┌─────────────┐              ┌─────────────┐
│大数据分布式  │              │海量教材资源  │
│储存数据库    │              │知识库        │
└──────┬──────┘              └──────┬──────┘
       │                            │
       ▼                            ▼
┌─────────────┐              ┌─────────────┐
│数据挖掘技术推理├─────────────┤数据分析技术解释│
└──────┬──────┘              └──────┬──────┘
       │                            │
       └──────────┬─────────────────┘
                  ▼
          ┌───────────────┐
          │智能查询搜索引擎│
          └───────┬───────┘
                  ▼
          ┌───────────────┐
          │人机交互接口    │
          │学习内容获得    │
          └───────────────┘
```

图4-1 基于电子教材模型的大规模电子教学资源的工作流程

（2）大数据下个性化自适应学习环境的实现

基于大数据产生的学习分析（LA）和教育数据挖掘（EDM）两类技术是大数据在教育领域最广泛的应用，而这两类技术最终指向为个性化学习的研究和自适应学习环境的开发。以大数据为基础，学习分析和教育数据挖掘能够更好地分析学习者的需求和学习特点，从而使得学习更倾向于学习者的本身特征和偏好，更加个性化。

自适应学习系统建立在对学生行为数据采集和分析的基础上，及时向教师反馈学习者的学习效果并向学习者推荐下一步的学习策略。以大数据为基础的个性化自适应学习系统是个性化学习环境建设的创新，在以往自适应学习系统的基础上纳入学习分析技术与教育数据挖掘，从而能够获取更多和更精确的学习者信息和学习活动信息，更好地分析学习过程模式和学习活动的有效性。

大数据支持下的自适应学习系统的运行如图 4-2 所示，①学习者生成学习行为数据经过内容传递模块被赋予数据标记，将其标记为带有时间标志的数据，用以区别和识别；②学习者行为数据被储存至学习者数据库中并被划分为不同的结构和变量，以待被不同的分析模型使用；③教育数据与挖掘模块从学习者数据库与学生信息系统中获取、采集数据，根据不同的分析目的提供不同的分析模型和分析工具挖掘出数据中的价值；④自适应模块根据数据分析的结果为学习者提供个性化、适合学习者特征的学习内容和学习策略；⑤分析得到的结果同时向教师和教育管理者显示，供其决策使用，最后教师和教育管理者通过干预模块实施教学干预或者教学帮助。

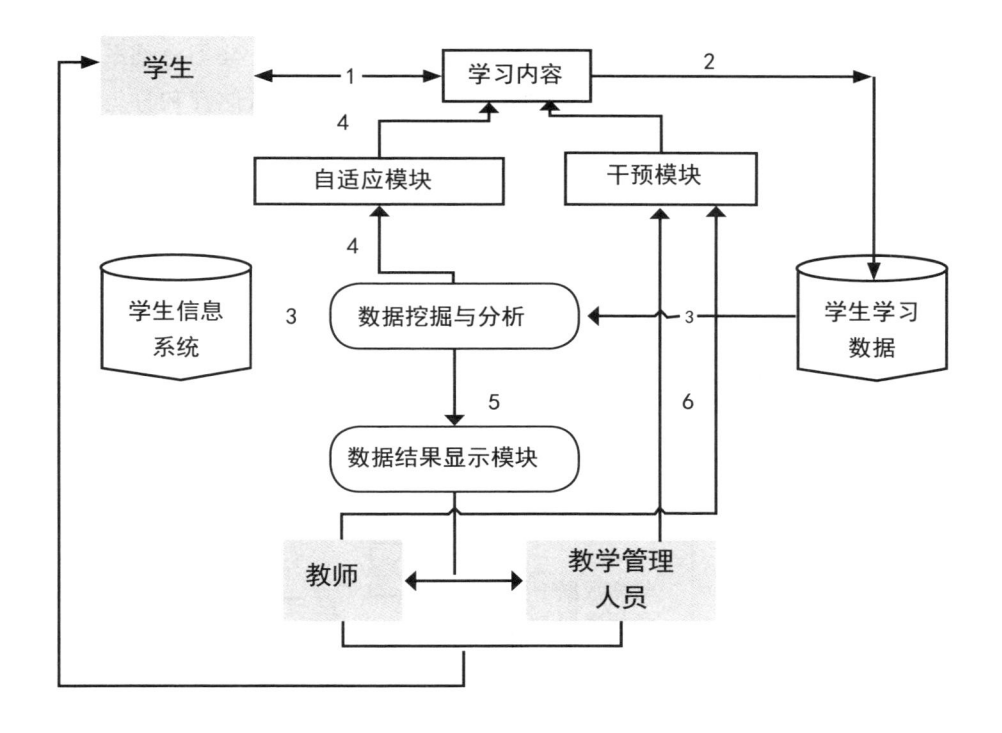

图4-2 个性化自适应系统的实现流程

从整个基于数据的自适应学习系统的运行来看，大数据对其的影响主要体现在三个方面：首先，数据仓库技术将杂乱无序的学生学习行为数据储存、标识并区别，用于后续的教育数据挖掘与分析。其次，数据分析技术基于学生的既有信息和数据仓库中的信息为数据分析提供不同的分析工具和分析模型，充分挖掘数据中可以说明学习过程规律的信息，包括根据学生特点和需要推荐学习内容，教师针对不同特点的学生提供丰富的学习材料，提供基于学习者个体差异的个性化学习服务以及利用学习者在参与学习的过程中的学习表现数据以及相关数据进而对学习过程进行修正，调整不合适的学习内容等。最后，可视化分析技术能够详细且直观地提供数据解释，将学习结果和报告分析数据直接呈现，教师和教育管理者依据学习报告分析决定是否进行干预，并对整个学习过程进行评价。

（三）大数据对高等教育教学技术产品利用的影响分析

1. 高等教育教学技术产品利用的"数据—利用"作用主线

基于"数据—利用"作用主线，将来自学生信息系统、学习评估系统、教务管理系统、在线学习平台、数据仓库系统的数据进行储存和分类，按照其内容的性质可以划分为教学数据、科研数据、管理数据，然后对这些数据进行数据挖掘和分析处理，得到用以优化、改进教学过程的信息，将高等教育的教学活动看作是数据搜集和分析数据的平台，将从数据中分析得到的成果用于制定高等教育教学决策，以提高教学管理的科学性（如图4-3所示）。

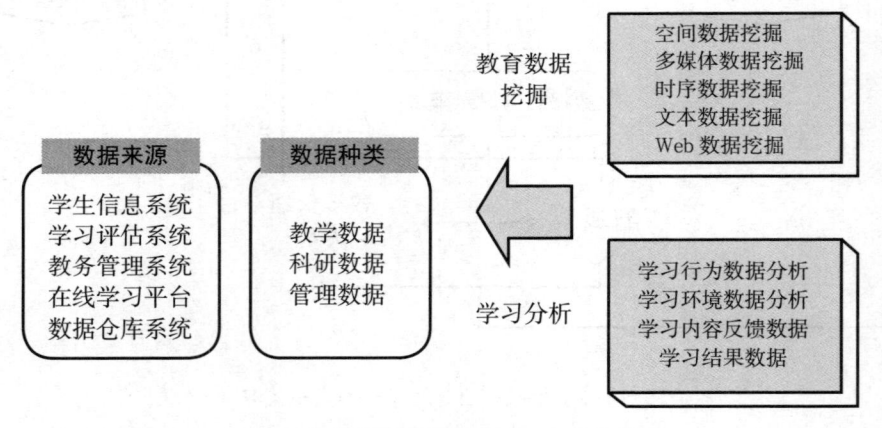

图4-3　高等教育的数据来源、组成和利用

2. 大数据对高等教育教学技术产品利用的作用基础

（1）教育大数据的充分认识

目前国内所有的高校都已接入互联网实现网络覆盖，高校包括信息化管理系统和信息化科研系统的信息化教学系统的覆盖率达到98%；国家精品课程、重点学科信息资源系统、科研数据库数量都在增加，还有基于高校的日常活动产生的招生数据、学籍信息、选课数据、成绩数据、校园一卡通数据等；教师的教材数据、科研数据、实验数据等也会产生庞大的数据。

但这些仅仅只是教育大数据积累和铺垫的过程，随后的大规模网络开放课程、各种在线教育平台、在线移动学习软件的广泛应用则是教育大数据的爆发点。以 MOOCs 为例，每个学生在教学过程各模块中的相关学习行为都会被自动获取并记录，如此下来大规模的学生在线学习相关数据将会汇集成"学习大数据"。

教育大数据产生于高等教育的各个活动中，但主要集中在教学数据库、科研数据库和信息化管理三个方面（如表 4-4 所示）。

表4-4 教育大数据的数据来源

数据类型	传统数据	非传统数据
教学	课堂教学数据、教学资源数据	线上学习行为数据、线上教学数据、多媒体教学资源数据、师生交互数据
科研	科研数据库中的数据、实验数据	科研数据库中的上传下载数据、实验数据、虚拟实验室传感数据
管理	数字化管理系统的数据、教务系统中的数据	一卡通系统数据、管理信息系统中堆积的历史数据

（2）教育大数据的充分利用

来自数以万计的学生线上学习行为数据、教学数据、交互数据、实验数据汇集成为教育大数据。高等教育面临如何处理这些数据的问题，如何利用这些数据，并使其在教学活动中发挥作用。整个教育大数据的处理流程可以概括为：在合适的数据仓库技术和工具的辅助下，对大规模教育数据源进行获取和抽取集成，按照一定的标准和序列储存，在此基础上利用数据挖掘和学习分析技术对储存的数据进行挖掘和分析，从中提取出有益的知识和有价值的信息，用以优化、改进教学过程，最终运用合适的可视化技术将分析结果展示给用户。

3. 大数据对高等教育教学技术产品利用的作用技术

（1）教育数据挖掘技术

教育大数据是综合运用数学统计、机器学习和数据挖掘的技术与方法，对教育大数据进行处理和分析，用于发现这些变量中的相关关系和规律，然后探索建立预测模型，最后达到发现和预测学生如何学习，及时进行教学干预的目的。祝智庭等人[①]的研究认为，教育数据挖掘技术能实现的研究目的包括以下方面：①应用多方面信息建立学生模型，并以此预测学生的学习行为；②建立分析模型，并以此发现或改进学习内容、展现最佳教学顺序；③研读不同软件实现的教学支持效果，进行可视化呈现；④建立计算模型。这四个研究目标能够通过教育数据挖掘的概率预测、聚类分析、关系挖掘、模型构建的功能来实现。

（2）学习分析技术

教育大数据的主要组成部分就是学习者行为数据及其学习环境的数据，而学习分析技术的主要功能便是处理这些数据，实现理解和优化学习过程及其产生的学习环境。首先相关数据被记录在大数据储存系统中，随后学习分析技术便通过测量、收集、分析和报告展开处理，学习分析技术区别于教育挖掘技术最大的特点就是，学习分析所处理的数据主要是围绕与学习者学习相关的数据，挖掘其中不同变量间的相关关系，运用不同的分析方法和数据模型来解释分析这些数据，探究学习者学习参与情况、学习结果、学习过程的相关数据，根据数据阐释的学习者学习表现，为其提供相应反馈从而促进更加有效学习，进而对教学过程进行修正和改进。

学习分析技术为个性化自适应学习环境的开发提供了重要的技术创新，在拥有开放教学媒体支持的学习环境中，学习者不再仅依赖于教师的组织和安排，而是可以基于开放教学媒体自行设计、监督执行学习计划，进行更多的自主学习，在这种情形下教师则从知识的传授者成为学生学习环境的建构者、学习资源的提供者以及学习过程的引导者。

（四）大数据对高等教育教学管理的影响分析

1. 高等教育教学管理的"数据—决策"作用

大数据给高等教育教学管理带来的最大影响体现在教学过程中决策信息的易获得性和可控性增强。基于"数据—管理"的高等教育教学管理能够使教学过程中的教师、学生、教育管理者都可以获得自己所需要的数据，依据数据对学习行为和学习趋势的预测，以及学习过程中产生的数据分析

---

① 祝智庭，沈德梅. 基于大数据的教育技术研究新范式[J]. 电化教育研究. 2013（10）：5-13.

等作为决策依据，做出有利于教学过程的决策。（表4-5所示）。

表4-5 大数据对高等教育教学管理的作用主线

决策主体	数据决策依据	教育教学决策制定
教师 学习者 教育管理者	数据预测 数据分析 数据解释 数据相关关系挖掘	实施教学干预 调整教学内容 改进教学策略 调整教学进度 复习教学内容 加强测试次数 丰富教学资源

2. 大数据对高等教育教学管理的作用

大数据推动高等教育教学管理的科学化。大数据主要在高等教育教学管理各个环节的信息管理过程发挥作用。传统教学管理更多的是采取经验式决策方式，先验信息来自之前观察事物得到的信息，大数据技术更多的是依靠实时信息，即在产生数据的教学过程中得到信息。对教师来说，传统教学决策主要是依靠教师的个人教学经验对学生在教学过程中的学习行为进行判断和制定教学决策，大数据下的教学决策是基于数据证据，通过对学生学习过程、学习结果的科学分析做出的。对于管理者来说，教育者和管理者第一次有机会来检验假设，了解学生如何学习，比较教学方法，精确和快速地确定有效的教学和无效的教学；对学生来说，学习者可以依据实时的信息反馈，实现对学习过程的自我诊断和自我监督。

在大数据技术支持下，高校可以实现为具有不同教学经验和科研能力的教师建立包括基本信息、教学特点、教学视频、教学课件、师生互动等各方面信息的数据库，高校可以随时通过利用、更新数据库便捷地掌握教师信息，作为考核和评价的依据，并发现不同阶段的教师教学变化规律，预测教师教学活动总体发展路线。

二、应用对策分析

（一）充分认识大数据并在高等教育领域推广大数据

大数据作为一种能够引起社会变革的技术，虽然俨然带有将世界数据化的倾向，但其本质仍是一种技术手段，而对技术合理的支配才是使之成为有效活动的关键。

1. 充分认识大数据

正确认识大数据的价值和作用，在大数据的热潮中保持清醒，在高等教育不同领域有选择性地应用，这样才能够更好地发挥大数据的作用。

大数据不仅是海量数据实体，还包括大数据储存、分析等一系列的技术，更是一种量化的思维，它推动了社会的变革并且影响了高等教育的发展。充分认识大数据的关键在于理性承认大数据的有限性，在前文中已经提出过大数据本身具有一定的局限性，并不适用于解决一切问题，例如对于简单的封闭系统，基于小数据的因果分析就可以完成。根据不同的目的，很多问题的解决并不需要收集海量的数据，虽然大数据的解决方案更为有效，但需考虑成本和适用性问题，凭借对高等教育中出现的问题的判断，可以有选择地应用大数据，找到解决问题最合理的方案。

2. 合理推广大数据

现有的大数据技术成果多集中在高精尖的技术研究领域，将研究成果转化到原有的数据应用中，简化大数据的应用是推广的关键。以 MOOCs 中基于大数据技术的学习行为实时分析技术为例，大数据技术可以基于 MOOCs 平台的大规模学习者数据进行分析，这种应用完全可以借鉴到网络远程教育中。现代网络远程教育的学习群体与 MOOCs 存在着极大的相似性。针对学习者的大规模和多样化，利用大数据技术实现对大规模数据的储存和分析，对每一个远程教育学习者进行学习者特征分析和差异描述，制订个性化的学习方案，并得出基于学习过程的学习者态度、重点、兴趣、成绩变化曲线，以便更好地掌握学习者学习规律，实现科学化教学。

（二）整合数据资源并建立高校大数据应用平台

高校原有的信息系统缺乏对非结构化数据、多复杂类型数据的处理能力，高校原有的硬件设备也亟待升级和规划以适应大数据时代的需求。因此，需要整合数据资源，优化高校软硬件配置，为高校大数据的采集、整合和分析建立起良好的平台，建设与云、互联网、物联网的串通联结路径，做好迎接大数据时代的准备。

1. 整合数据资源建立大数据应用平台

整合原有的信息系统中的数据资源，并将教师、学生所拥有的数据资源收集一并交给专业的数据分析人员处理，实现高校现有的数据资源的大范围整合，在此基础上建立大数据应用平台——主要包括对数据采集、数据储存、数据传输网络、数据分析系统的升级和建设，实现高校信息设备和信息系统整合，发挥大数据强大的数据挖掘和数据分析能力，有效地提高数据管理的高效性，有效地利用数据价值，从而为高校管理决策提供技术支持，为挖掘教学规律提供手段，同时这种平台的建立能够简化大数据的应用，实现大数据在推动科研、服务社会等方面有效发挥作用。

2. 探索大数据在在线教育平台中的应用

积极探索大数据技术在在线教育平台的应用也同样值得关注。由美国麻省理工、哈佛以及斯坦福等大学创办的在线课堂平台已给全球的教育带来了深远的影响。我国高校也积极参与其中，如北京和香港的知名高校先后在 edx 上线免费课程，为世界各国人群提供教育资源。上海知名高校也陆续进入 Coursera 平台，推出在线课程。我国顶尖高校率先加入在线教育平台，推动了我国在线教育的发展。

（三）建立大数据安全使用规范

高等教育教学、科研和管理数据中包含了大量的隐私信息，大到高校的科研机密信息，小到学生行为细节记录、教师与学生个人信息等都可以被储存，大量数据的集中储存增加了信息泄露的风险。可见，缺乏强有力的信息保护将会影响大数据的合理应用，制定有效的数据隐私保护策略来规范大数据势在必行。

建立基于用户可控的隐私保护策略，可以借鉴商业隐私保护措施，由用户控制、掌握自身的数据何时或者如何被获取、被应用、被永久保存或者彻底销毁，这也是当下比较广泛的做法。大数据使用者对自身的数据进行决策，可以采取规定信息的应用时间、方式、目的等，以及数据开放时的许可等方式，例如用户自己决定是否开放访问权限等，还有数据分析时的匿名和数据挖掘限制，用户自己控制数据的时效性等等，这些策略都可以用来明确数据生产者对自身数据保护、开发和利用的权利，最终建立基于安全隐私的大数据保护和使用规范。

（四）重视培养大数据人才并建设大数据高水平人才队伍

由于大数据技术是新兴技术，并且具有较高专业要求，所以大数据的处理分析工作复杂且不易于掌握。在高校真正具备信息素养和熟练掌握、操作大数据技术的教师较少，这在一定程度上限制了大数据应用的推广。因此，除了开发大数据的简化应用，高校还应该重视培养大数据人才，并加强对大数据相关人才的培养和引进，重视相关应用、管理人员和研究团队的专业性发展。

1. 重视培养大数据人才

目前，大数据已被广泛应用在医疗、生物、金融、物流、教育等行业，这决定了对大数据人才的需求。高校应该面向未来培养人才，把握社会需求，重视对大数据人才的培养。当前社会中高等教育领域的大数据应用人才和大数据管理人才都十分紧缺，而市场对于大数据人才的需求却将在近几年内保持稳定增长，在这一情况下，高校应该发挥自身人才培养和社会服务的职能，设置对应专业，重视对大数据应用和管理人才的培养。

2. 建设高水平大数据人才队伍

首先，高校应该注重引进大数据应用人才和大数据管理人才，帮助高校转变思维，打好大数据应用的现实基础；其次，高校应该加强对教师和学生数据意识和数据分析素养的提升的培训，数据意识能够让教师和学生充分认识和了解大数据的价值和意义，数据分析素养即是理解和进行数据分析的能力。在教育形式愈发丰富的大数据时代，高校教师应该具备一定的网络教学思维和数据分析能力，思考怎样才能实现为学生提供个性化教学。最后，高校应该建设和培养一支大数据专业人才队伍，完成对大数据理论的完善和技术的突破，将大数据研究成果尽快向社会应用领域推广，推动大数据对社会发展发挥积极作用。

第五章　大数据技术在农业领域的应用研究

农业是社会发展的基础，是一个国家不可忽视的战略产业。当今时代，对农业现代化的需求不断提升，我国的农业领域不仅需要传统的农业生产经验和理论，更需要用现代的科学技术和管理方法为其服务，促使农业生产力不断提高，实现传统农业到现代农业的转变。

在农业领域，不论是生产活动还是科学研究活动每一年都会产生庞大的数据，这些数据经过存储、分析和应用，能够对现代农业的各个环节都发挥重要功效。当前，农业领域存在诸多问题，如农业生产领域的动植物育种问题、农产品流通中的销售营销问题、农村的城镇建设问题以及农业结构改革问题等，这些问题均可以在不同程度上应用大数据技术进行预测和干预。将大数据技术应用在农业领域，并且与农业领域的有关科学研究相互结合，能够为农业科学技术研究、农业决策以及有关农业企业发展等带来新的方法和思路。

本章从农业领域大数据技术设计与管理角度展开论述，进而阐述大数据技术在农技推广、农业信息服务和农业物联网中的应用。

一、农业领域大数据技术设计与管理

（一）农业大数据内涵及特征

1. 农业大数据的内涵

简单地讲，农业大数据是指大数据技术、理念和思维在农业领域的应用。从更深层次考虑，农业大数据是智慧化、协作化、智能化、精准化、网络化的现代信息技术不断发展而衍生的一种计算机技术，是计算机技术在农业领域应用的高级阶段，是结构化、半结构化及非结构化的多维度、多粒度、多模型、多形态的海量农业数据的抽象描述，是农业科研、技术推广、农资供应、生产管理、加工储运、市场销售、资源环境等全产业链的跨行业、跨专业、跨业务、跨地域的农业数据大集中有效工具，是汲取农业数据价值、促进农业信息消费、加快农业经济转型升级、实现农业现代化的重要手段。

农业大数据解决的问题不是存量数据激活的问题，而是实时数据的快速采集和利用的问题；农业大数据解决的问题不是关系型数据库集成共享的问题，而是不同行业、不同结构的数据交叉分析的问题。农业大数据至少包括下述几层含义：

一是基于智能终端的现代信息采集技术在农业生产、加工以及农产品流通、消费等过程中广泛使用，文本、图形、图像、视频、声音、文档等结构化、半结构化、非结构化数据被大量采集，农业数据的获取方式、获取时间、获取空间、获取范围、获取力度发生深刻变化，极大地提高农业数据的采集能力。

二是跨领域、跨行业、跨学科、多结构的交叉、综合、关联的农业数据集成共享平台取代了关系型数据库成为数据存储与管理的主要形式，基于数据流、批处理的大数据处理平台在农业领域中的应用越来越频繁，交互可视化、社会网络分析、智能管理等技术在农业生态环境监测、农产品质量安全溯源、设施农业、精准农业等环节大量应用。

三是农业产业链各个环节的政府、科研机构、高校、企业达成竞争与合作的平衡，农业大数据协同效应得到更好的体现。农业大数据形成一个可持续、可循环、高效、完整的生态圈，数据隔离的局面被打破，不同部门乐于将自己的数据共享出来，全局、整体的产业链得以形成，数据获取的成本大大降低。

四是大数据的理念、思维被政府、企业、农民等广泛接受，海量的农业数据成为决策的依据和基础，天气信息、消费需求、生产成本、市场价格等多源数据被用来预测农产品价格走势、耕地数量、农田质量、气候变化、作物品种、栽培技术、产业结构、农资配置、国际市场粮价等多种因素用来分析粮食安全问题，政府决策更加精准，政府管理能力、企业服务水平、农民生产能力都得到大幅度提高。

2. 农业大数据特征

农业大数据由结构化数据和非结构化数据构成。随着各种智能设备在农业领域的推广应用，非结构化数据呈现出快速增长的势头，其数量将大大超过结构化数据。农业大数据除了满足大数据的5V特性之外，农业大数据的特征还包括以下方面。

（1）泛在性。农业与人类的社会生活息息相关，从田间地头到家庭餐桌，从农业科学家到市井商贩，从猪马牛羊到五谷杂粮，都是农业元素的某种体现，任何地方都是农业大数据的源头，农业大数据无所不在。

（2）周期性。农业大数据是农业中客观实体或事物的表达，动植物的生长遵循一定的规律，受自然因素的影响，随季节而变化，具有周期性。农业大数据也随着动植物本身的变化而呈现出一定的规律性变化。

（3）地域性。动植物等农业生产对象，需要热量、光照、水、地形、土壤等自然条件。不同地域的地理位置、地形地貌、水分、热量等自然条件和生态环境以及社会经济、技术条件等各不相同，因此农业大数据表现出明显的地域特征。

（4）社会性。"民以食为天。农业稳，天下稳；农民安，天下安"。农业数据是我国8亿多农民、18亿亩耕地、1万亿斤粮食的抽象表达，农业大数据是农业生产、生活的集中体现，农业数据的变化直接反映社会状态变化。

（5）交叉性。农业大数据不仅仅涉及育种、播种、耕地、灌溉、施肥、除草、病害、收割等作物生产的全过程，而且还涉及整个产业链的气象、资源、环境、市场、运输、安全等。农业大数据呈现出交叉影响特征，如农业气象能够影响农业生产、农业市场、农业运输等。

（6）分散性。农业大数据的分散性主要表现在数据组织分散，相互关联、完整的数据并不多见。不同环节的农业数据分别属于不同的单位，农业大数据分散在生产、流通、加工、储藏的各个生产流通过程中。

（7）多变性。农业大数据时时刻刻都在发生变化，农业气象数据、农产品价格数据、农业生产环境数据等在不同时间条件下差异非常大。

(8)综合性。任何数据都具有关联性,农业数据的关联性表现尤为显著。一个数据往往直接或间接地与多个数据相关,互相联系,相互作用。比如作物长势数据实际上是土壤、气候、农田管理等数据的综合体现,农产品价格数据实际上是农业市场政策、农业生产状况与农村经济水平的反映。

(二)农业大数据设计

1. 农业大数据产业链分析

农业产业链与生物链理论相似,是指与初级农产品生产密切相关的产业群所形成的一种具有传导、延伸、制约关系的复杂网络结构。农业产业链可以分为产前、产中和产后(图5-1),也可以分为支持产业,包括与农业相关的活动,比如农场、兽医服务、农业机械、灌溉以及技术咨询等;生产产业,与具体产品相关的生产过程,比如作物种植、蔬菜种植、动物养殖、禽蛋生产、水产供给等;加工包装产业,包括生鲜农产品的运输、装罐、制造等;市场销售部门,包括物流、仓储、销售以及进出口等。霍夫曼[1]认为信息通信技术对农业产业链发展非常重要,发展农业产业链应该实施ICT(information and communication technology)战略,支持农业产业链的信息管理。拉丁弗伊斯[2]认为ICT是为整个农业产业链服务的,合理的ICT投资应该是政府而不是企业。

---

[1] Hofman WJ. The improrement of Agriculture. chain competence[M]. Thomson. 2001.

[2] Luttighnis P·ICT service. infrastucture for chain managernent [R]. Wageninen: Proceedings of 4th international conference on chain managenent in agribusiness and the food industry,2000(05):25–26.

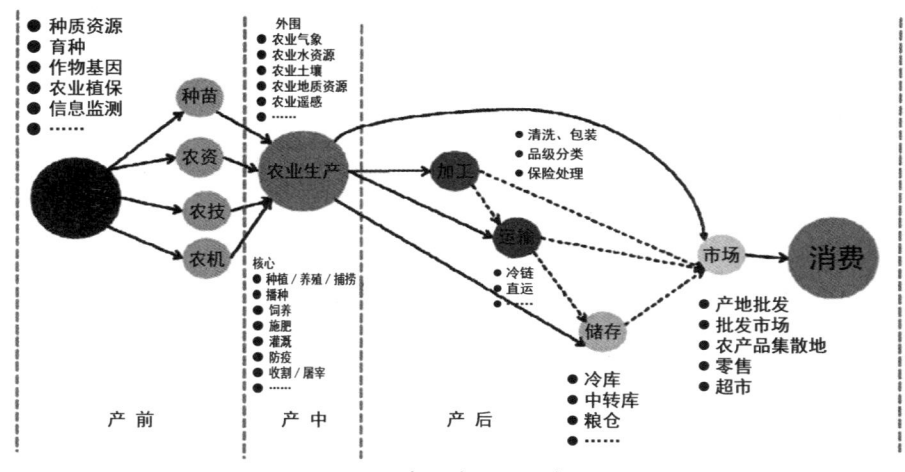

第五章 大数据技术在农业领域的应用研究

图5-1 农业产业链示意图

农业产业链各环节均有大量数据产生，下面将围绕农业产业链理论对农业大数据进行分类研究。

在产前阶段，农业科研创新占据重要位置，2012年中央一号文件进一步强调了农业科技在确保国家粮食安全、突破资源环境约束、加快现代农业建设等方面的重要作用。农业科研创新对于我国农业育种、先进农业技术等具有非常大的推动作用，与此同时，科研第四范式的产生将为农业科研带来新的变化，生物计算、信息监测、基因测序等成为科研创新的重要方式，大数据相关的研究与应用至关重要。该阶段，农业大数据可以按照农业科研划分为农业种植资源大数据、农业育种大数据、农业基因大数据、农业植保大数据、农业监测大数据、农业技术推广大数据等。农业种苗培育、农资配送、农机调配等各环节也将产生海量的农业数据。

农业生产是整个农业产业链的核心，可以细分为种植、养殖、捕捞等。在产中阶段，围绕农业生产的各个环节会产生大量数据。我们按照农业生产的直接内容及其他相关内容，从产生数据的角度对农业大数据进行划分。①包括农业播种、施肥、施药、灌溉以及育种、饲养、育肥、屠宰等各个环节的微观生产环境数据，动植物本身的生长状态数据；②包括与农业生产密切相关的农业气象、农业水资源、农业土壤、农业地质资源、农业遥感等数据。产后阶段是与社会其他各个产业部门广泛接触的过程，可以大致分为农产品加工、农产品运输、农产品储存、农产品市场、农产品消费等，各个部分的数据呈现出不同的特点，关注点也不同。一般来讲，加工环节、运输环节、储存环节企业行为居多，在市场和消费环节，个体行为居多。农产品与每个人的生活都息息相关，在农产品向大众消费者转移的过程中，会产生大量数据。在产后阶段，农产品价格大数据、农产品质量安全大数据等都是重点关注和研究的对象。

于农业大数据产业链虽然不能对农业大数据涉及的各个点一一描述，但是相对其他方法来讲，每一种与农业相关的大数据都能在其中找到各自位置。

2. 农业大数据系统架构

系统架构图是对一个系统的框架和流程描述，通过系统架构图可以使技术人员、管理人员等能够很快地达成一致。本书根据《国务院关于印发促进大数据发展行动纲要》（国发〔2015〕50号）以及《农业部关于推进农业农村大数据发展的实施意见》（农印发〔2015〕6号），结合笔者对农业大数据的理解，提出农业大数据系统架构（如图5-2所示）。

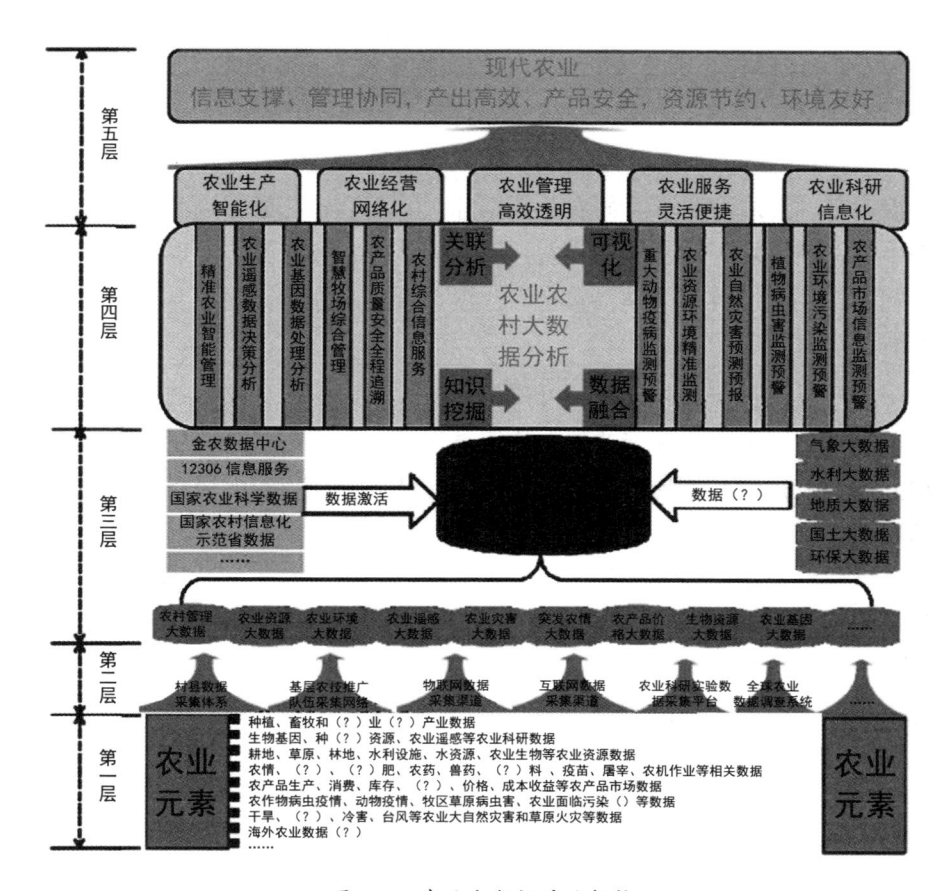

第五章 大数据技术在农业领域的应用研究

图5-2 农业大数据系统架构

第一层，主要指各种农业元素，包括种植、养殖、渔业等，与农业相关的各种资源、环境等，与农业相关的科研数据、自然灾害数据等，农业产业链数据等。农业元素与具体的应用相对应，包括与农业直接相关、间接相关的方方面面。

第二层，建立针对各种农业元素的数据采集网络。农业大数据的研究应用需要特别重视数据采集工作，需要针对不同情况，分类建设。继续完善村县数据采集体系建设，采集村域县域数据；重视基层农技推广队伍采集体系，利用智能终端武装基层农技推广队伍，实时采集各种农情数据；利用物联网、互联网等建立数据实时采集传输渠道，动态监测农业生产环境数据以及互联网中涉农数据;加强农业科研数据采集力度,推动数据驱动的农业科研创新;建立全球农业数据调查系统,重视海外农业数据采集。

第三层,利用云计算、云存储等技术,支撑建立农业大数据中心。①通过数据预处理,对各种渠道采集的数据进行清洗、去噪、集成等,保证数据质量,形成源源不断的农业数据源;②激活现有数据资源,像金农数据中心、国家农业科学数据、农村信息化示范省数据等,实现现有数据的再利用;③通过数据交换,实现与气象、水利、地质、国土、林业、环保等数据共用共享。

第四层,基于关联分析、可视化分析、知识挖掘、数据融合等大数据分析方法,解决农业领域的数据价值发现问题并开拓重点应用。①价值发现方面,包括但并不局限于以下领域,如精准农业、农业遥感数据、农业基因数据、智慧牧场综合管理、农产品质量追溯、农村综合信息服务等;②基于各种数据的监测预警,比如重大动物疫病、农业资源环境、农业自然灾害、农业环境污染、农产品市场等监测预警等。

第五层,通过农业大数据的研究与应用,构建"信息支撑、管理协同,产出高效、产品安全,资源节约、环境友好"的现代农业。主要包括五个方面:①助力农业生产智能化,对大田种植、设施园艺、畜禽养殖、水产养殖等农业领域的各种农业要素进行数据挖掘,可以实现农业生产智能化控制、精准化运行和科学化管理,进而达到高产、高效、优质、生态、安全的目的;②助力农业经营网络化,通过大数据将对小农户生产进行监测和调控,对农产品市场进行细分管理,实现小农户与大市场对接,营造农业电子商务发展的良好环境;③助力农业管理高效透明,利用大数据技术对系统中的数据进行挖掘,提高各级农业部门的履职能力,丰富他们的监管手段,提升他们的服务水平,三农管理将更加高效透明和科学化;④助力农业服务灵活便捷,建设农户基础信息、新型农业生产经营主体、基层农村服务机构、农技推广队伍等农业信息服务基础数据库,并利用大数据技术逐步构建基于生产经营主体行为准确分析基础上的满足特定需求的垂直化产品和服务,实现农业的精准服务;⑤助力农业科研创新,利用大数据技术,驱动基因组学、蛋白质组学、生物信息学等众多学科创新发展,积极推进农业大数据研究与应用，创新农业科研方式，提高我国农业科研创新能力。

（三）基于Neo4j图数据库的农业数据管理

图数据库通过节点、关系、属性等表达数据之间的关系，对于节点型数据表达拥有非常好的优势，具体如下：①图数据库通过可视化直接展现节点关系具有非常大的优势；②图数据库可以表达传统数据库无法表达的不同节点之间的各种关系。本项目拟选择 Neo4j 图数据库。

Neo4j 图数据库是一个高性能的 No SQL 图形数据库，它将结构化数据存储在网络上而不是表中。Neo4j 图数据库包括如下几个显著特点[①]：完整的 ACID 支持，保证数据一致性；高可用性，不管应用如何变化，Neo4j 图数据库只会受到计算机硬件性能的影响，不受业务本身的约束；轻易扩展到上亿级别的节点和关系，一个 Neo4j 图数据库服务器便可以承载上亿级的节点和关系，并且支持分布式集群部署；通过遍历工具高速检索数据，每秒可以达到上亿级的检索量。

1. 相关术语

①节点(node)，构成一张图的基本元素。节点经常被用于表示一些实体，在 Neo4j 中节点可以表示为 node（1）、node（1，2，3）、node（*）等。

②关系(Relationship)，节点之间的关系是图数据库中很重要的一部分。通过关系可以找到很多关联的数据，比如节点集合、关系集合以及它们的属性集合。一个关系连接两个节点，必须有一个开始节点和结束节点。因为关系总是直接相连的，所以对于一个节点来说，与它关联的关系看起来有输入、输出两个方向。比如 $a \rightarrow b$。

③属性(properties)，属性是由 Key-Value 键值对组成，键名是字符串。属性值要么是原始值，要么是原始值类型的一个数组，比如 n. age=30，n. name="Tobias"。

④路径(path)，路径由至少一个节点，通过各种关系连接组成，经常是作为一个查询或者遍历的结果。

⑤遍历(traversal)，遍历一张图就是按照一定的规则，跟随它们的关系，

---

① 程学旗，靳小龙，王元卓，等. 大数据系统和分析技术综述[J]. 软件学报，2014，25：1989-1908.

访问关联的节点集合。

2. Cypher 语言

Cypher 是专门为图数据库 Neo4j 设计的申明式的图查询语言，支持对图存储的高效查询和更新。Cypher 相当简单，但是功能非常强大，非常复杂的数据库查询很容易就可以用 Cypher 来实现，从而使用户更加专注于领域。Cypher 受 SQL 语言启发，很多关键函数比如 WHERE、ORDER BY 等均来自 SQL。模式与模式匹配是 Cypher 的核心，使用模式来描述所需要数据的形状，通常使用小括号（）来表示节点，中括号［］表示关系和关系类型，箭头表示关系方向。

Cypher 的主要语法：

START：通过 START 定义图中的起始点，通过元素的 ID 或索引查找均可作为起始点。

MATCH：图形的匹配模式，束缚于开始点。模式在 MATCH 中使用比较多。

WHERE：如果需要对查询结果进行过滤，则可以通过添加 WHERE 语句完成过滤。过滤一般是通过节点属性完成，正则表达式也可以在 WHERE 语句中表达。

RETURN：通过 RETURN 可以返回查找结果中用户所需要的部分，可以是节点关系属性等。

CREATE：通过 CREATE 创建图元素，包括节点、关系等。

SET：通过 SET 更新节点或关系的属性。

DELETE：通过 DELETE 删除节点、关系、属性等。

（3）数据库安装

下载 neo4j-community_windows-x64_2_3_2 数据库，在 Windows 7 系统上安装，安装过程中需要配置用户名和密码，如图 5-3 所示。

图5-3 Neo4j安装界面

安装完成之后,通过 http：//localhost：7474/ 访问 Neo4j 数据库。界面如图 5-4 所示。

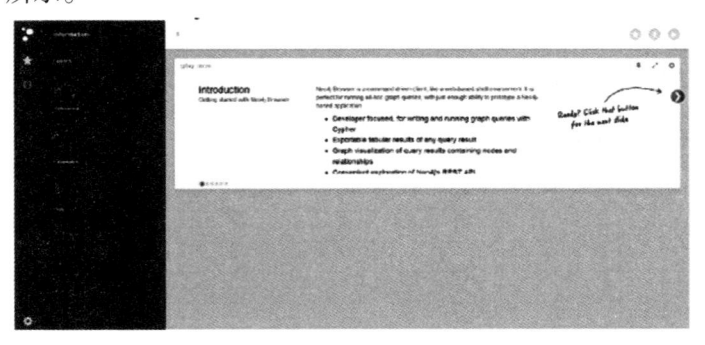

图5-4 Neo4j主界面

数据库界面主要包括 Database Information、Favorites、Information 三个栏目,其中,Database Information 可以对数据库的节点、关系、属性等进行各种操作,能够支持实时的界面展示;Favorites 用于用户定制一些基本配置功能;Information 主要是一些帮助性文档。

二、大数据技术在农技推广中的应用

传统的农技推广与现代信息技术的结合,使得大数据技术在农技推广中的应用从不可能变成可能。大数据技术在农技推广中应用是信息技术在农技推广应用的进一步拓展。本节以"农技云平台"为例,分析了大数据技术在农技推广中应用。

"农技云平台"是以农技推广服务为重点的综合服务平台,其产生的数据类型是丰富的,如"互联网＋农技推广""物联网＋农技推广"等,包括：农技知识数据、业务过程数据、线上行为数据、传感物联数据和人工采集数据等。

（一）"农技云平台"大数据种类

1. 农技知识数据

农技知识数据是平台上存储的有关农业生产技术等数据，它包括平台早期录入的各生产领域的农业技术指导数据，也包括实时更新的农业技术知识和相关数据。

2. 业务过程数据

业务过程数据指原有农技推广工作流程的数据化，包括所有农技推广从业人员在线上完成各项工作过程所存储和记录的数据，包括：农技处方数据、农技日志数据和服务轨迹数据等。

3. 线上行为数据

线上行为数据是用户在社交网络中的好友互动数据、属性数据等，也包括在线上进行搜索或浏览时的停留时间、访问路径和访问内容等轨迹数据。

4. 传感物联数据

主要来自地面传感设备、3S系统（全球定位系统、地理信息系统和遥感）和其他物联网采集器。地面传感数据：空气湿度和温度、土壤温度、土壤pH、CO_2浓度和养分等农业生产环境数据。3S系统数据：与农业生产相关的空间数据、光谱数据和气象数据等。物流系统数据：农产品加工、包装、存储、运输和销售等各环节数据。

5. 人工采集数据

市场经济数据：人工输入或网络上抓取传输到"农技云平台"中的市场经济数据，可以包括各种粮食、蔬菜、水果、畜产品和水产品等在全国各地市场的现货价格数据、供求数据、进出口数据，还可以包括农产品期货数据、涉农企业的股票数据等。

农业测量数据：人工测量并记录的关于农业生产、加工和流通等各环节的数据。灾情疫情数据：人工采集上报的灾情疫情等数据。

6. 其他数据

其他数据还包括机器设备等运行时的状态数据和农技人员工作时的身

体状态数据等。

（二）"农技云平台"大数据特点

1. 3V 特点

中国有近百万农技人员和亿万农民，随着"农技云平台"的示范应用，用户量会急剧增多。大量用户通过"农技云"移动应用可以随时享受到农技工作地支持服务、自媒体等社交网络服务和基于位置的其他服务等，这些应用服务会实时地产生大量的用户使用数据流。农业物联网会通过传感器设备实时地向"农技云平台"传送环境监测数据、生长状况等状态的数据和农业装备等实体状态的数据。"农技云平台"还可以汇集实时变化的农业市场经济数据和农产品流通数据。

这些基于农技推广工作产生的业务数据，基于农技推广社交网络产生的社交行为数据，基于农业物联网产生的农业生产环境和作物状态等数据，不仅包括传统的关系数据类型，也包括未加工的半结构化和非结构化的数据类型，例如视频、音频和图像等数据。这些数据体量大（volume）、速度快（velocity）、种类多（variety），体现着大数据的"3V"特点（图5-5）。

图5-5 "农技云平台"大数据"3V"特点

2. 数据层次丰富

"农技云平台"是以推广农技服务为目的而设计研发的信息综合服务平台，开创了基于移动互联网的农技推广模式，这将农技推广的过程线上化、数据化；"农技云平台"接入了地面传感设备的传感数据，在未来还可以接入智能装备控制数据、农业3S数据，这将使得农业生产过程和农业资源环境状态被数据化。随着"农技云平台"接入更多农产品加工、物流和消费的物联网数据，这将使得农产品加工和流通的过程被数据化；"农技云平台"接入了农产品市场价格的人工采集数据，当更多可以反映农业市场运行状况的数据被采集时，将使得农业市场经济运行状况被数据化。

综上，"农技云平台"的数据层次丰富，是以农技推广服务为主，覆盖到农业资源环境、农业生产流、农产品流通和农业市场经济等各层次的农业大数据。

（三）"农技云平台"大数据价值

1. 农技推广服务领域

利用"农技云平台"中与农技推广有关的业务过程数据和线上行为数据进行大数据分析，可以有效提升农技推广的服务水平。对社交网络中的数据进行分析，可以发现与农技推广相关的热点话题，优化农技推广项目；对农技推广人员业务数据进行分析，可以了解农技人员工作情况，提高其工作的效率和效果；对用户线上搜索等行为数据进行分析，可以对用户进行农技推广服务的精准推送等。

2. 农情资源监测领域

利用空间数据、光谱数据、气象数据和地面传感数据等进行农情大数据分析，可以监测农用土地资源、水资源等，优化配置化肥、水、农药等资源，实现农业高产优质、节能高效的可持续发展，进行农业资源环境管理；对旱、涝、雹、霜、病虫等自然灾害进行提前预报，并提供科学及时的生产指导、防控决策等信息，降低粮食减产的风险减少的经济损失。

3. 农业精准生产领域

利用 GPS 定位、农田遥感监测、地面智能传感设备采集的多类型异质、海量数据，可以实施精准土壤施肥、精准农田灌溉、精准育苗等生产全过程智能控制，科学投产；对农作物的长势进行监控，预测农田产量，通过土壤墒情、天气环境等数据分析影响产量和质量的因子，以提高生产能力和生产质量。

4. 农业市场经济领域

通过物联网对农产品从生产到消费全过程数据分析，做好供应链和溯源管理，发现并减少影响农产品质量的不稳定因素，建立防控措施，提高食品安全的保障能力；通过对农产品市场价格数据、供求数据等的分析，发现农产品之间价格和供给之间的相关关系，做好市场需求预测，降低农产品市场波动所带来的风险。

5. 涉农商业和金融领域

通过对"农技云平台"中的搜索等用户线上行为数据进行分析，可以更精准地发现有农业技术需求的潜在用户，从而将相关的农业技术、农业物资进行精准营销，提升市场参与推广的活力；通过对农业生态环境数据、农业生产数据和农业市场经济数据的分析，可以评估农业项目的风险，从而为涉农企业及农民提供农业贷款或农业保险，利用资本推动农业发展。

（四）现阶段的大数据应用需求

目前，"农技云平台"中已经积累到一定规模的数据包括农技知识数据和社交网络数据，通过大数据技术应用可以进行农技知识智能查询、农技社交网络分析和基于前两者的农技服务在线推荐。

1. 农技知识智能查询

"农技云平台"本身是一个巨大的在线农业知识库，现有的板块有"一村一品""一万个为什么""技术明白纸""农技知识"等，拥有海量的农技知识数据。这些知识可以帮助农技人员解决在工作中遇到的问题。这些海量数据信息覆盖了农业生产的各个领域，种类繁多、数据庞大。比如，仅"农技知识"板块中就有超过 100 个不同类别的农技知识，其中关于水稻技术的就有近 13 000 条，而且还在不断地增加。这些农技知识涉及地区、时间、农业品类和反映的具体问题，不同的农技知识之间有区别也有联系。利用大数据技术将这些海量农技知识数据进行有效的组织与管理，根据这些知识的内在属性和联系，为农技用户提供快速查询服务及在此基础上的智能分析，可以极大地发挥"农技云平台"的使用价值。

2. 农技社交网络分析

"农技云平台"具有社交网络的属性，其中"农技交流""农技问答"等功能将跨地理空间范围农技推广用户汇聚在线上。每个农技人员有自己擅长的专业技术领域，也有自己感兴趣的话题，他们通过自媒体和社区问答的形式进行交流，可以彼此关注或结成好友。来自不同地区不同领域的农技员被关联后形成了一个巨大的线上虚拟社交网络。利用大数据技术对"农技云平台"进行社交网络分析，对农技员彼此关系和兴趣话题进行深度挖掘，来了解农技员的喜好和热门的农业技术知识，并在此基础上进行一些智能推荐服务和舆情分析，以实时了解农技推广领域正在发生的农情信息和热门人物，这对于开展和改善农技推广服务有积极的促进作用。

3. 农技服务在线推荐

电商巨头亚马逊公司依靠其基于大数据的在线推荐系统将用户感兴趣的商品推荐给用户，这个系统为亚马逊创造了三分之一的销售额。"农技云平台"随着平台战略的驱动，会成为一个以农技推广服务为主的综合信息服务平台，平台上会积累海量的农业技术知识数据和农技社交网络数据，可以在此基础上利用大数据技术为用户进行农技服务在线推荐。基于对用户的属性和线上行为轨迹，将相关的农技知识进行关联推荐，帮助用户减少浏览成本，快速解决问题；为用户推荐农技好友，根据用户的社交网络关系和兴趣，为其推荐可能感兴趣的好友，这些用户可能都具有某些专业问题的解决能力或者都在面临相似的农技问题。

图5-6 "农技云平台"大数据技术应用

三、大数据技术在农业信息服务中的应用

农业信息系统是一个巨大的系统，包含了较多的子系统，且系统之间的层次分明，相互之间具有较为复杂的关联性。现有的传统数据分析和数据挖掘技术及工具，还无法对农业这一庞大复杂系统的内部关系进行解释说明。为了解释农业子系统的内部关系及规律，需完成三项重点任务：（1）农业信息大数据去冗降噪、融合存储的智能化规范处理；（2）对各类涉农的社会和经济模型进行组合，形成农业信息大数据决策本体；（3）通过交互引擎和交互控制，在农业信息云服务上实现人机交互服务。

（一）农业信息大数据智能处理技术

由于农业信息大数据含有的数据量庞大，数据源多样化，数据结构多样，并且具有变化快的特点，运用大数据的去冗降噪、数据存储、融合技术以及大数据挖掘分析工具等技术，分析出农业种植、养殖等分类主体的信息处理意向，开发出对农业信息大数据进行采集、转换、分类等智能分析系统，对于本地数据库、互联网、物联网等数据源传送过来的庞大数据信息量，按照特定策略进行自动、实时地过滤，去除没有用的或者是虚假的信息，对剩余的信息数据进行分类，形成不同类型的数据库，同时会自动生成源数据、数据获得途径和环境等背景信息，如图5-7所示。重点研发任务包括：

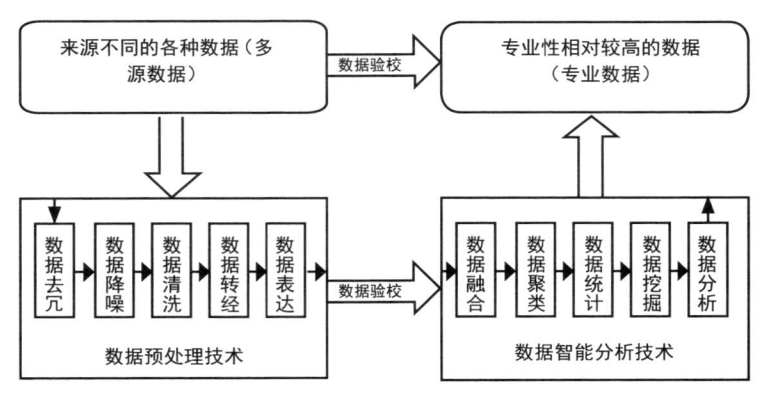

图5-7 农业信息大数据智能处理流程图

1. 建立面向非结构化和半结构化数据的高效信息处理平台

虽然在互联网行业，现代数据处理技术尤其是 Hadoop 和 Map Reduce

等非关系数据分析技术发挥了巨大的作用，显示了较好的效果，但是在农业信息平台方面的建设却并不完善，对于非结构农业信息数据处理平台的建设，缺少必要的技术支持，还没有达到可以进行大数据处理、大规模并行处理的状态和效果，所以，要想更好地发展农业信息大数据，首要任务就是要建立面向非结构化和半结构化数据的高效处理平台。

2. 建立低成本的大数据存储、高效的数据检索系统

随着信息技术的发展，信息数据越来越庞大，而数据冗余和失效数据等问题也逐渐严重，这在一定程度上增加了存储数据的成本，因此，为了降低成本，建立低成本的大数据存储系统就成了解决问题的关键。并且在降低数据存储成本的基础上，还要增加高效的数据监测系统。为此，不但要建立以 No SQL 等高新技术为支撑的非关系型数据库系统，还要更新数据管理系统，并加强行存储、列存储、行列混合数据存储结构技术的研究和应用，并增加错误自动检测与修复技术，流式数据的高速索引创建技术以及多源多模态数据高质量获取与整合技术等，此来提高数据检索的灵活高效性能。

3. 研究适合农业信息大数据的挖掘分析工具和开发环境

大数据分析工具和开发环境是不同行业的数据分析的主要区别，因此，对于农业信息大数据，主要是对其分析工具和开发环境上进行创新。在数据共享方面，要形成跨行业、跨学科及跨领域的状态，这样才能收集到更丰富多样的数据信息，综合各领域数据进行分析，才能形成更加科学正确的认识，创造出更大的利益。

（二）农业信息大数据决策本体技术

对本体技术数据进行关联分析，根据领域对象关系模型，开发出决策本体系统，再根据领域专家的指导建议，对不同数据集进行分析研究，构建出数据融合模型，再将运用本体技术研究出来的农业专业本体与大数据集融合在一起，形成一个大的多元数据集，并按照决策模型，准确地建立数据集之间的关系表达式。这样，不同农业类型的决策本体数据体系结构就构建出来了，在这样一个大型农业决策本体中，可随时根据需要对数据进行输入和提取，并可以通过模型预测，对各级用户提供不同级别的咨询

服务，如图5-8所示。研发任务的重点主要有：

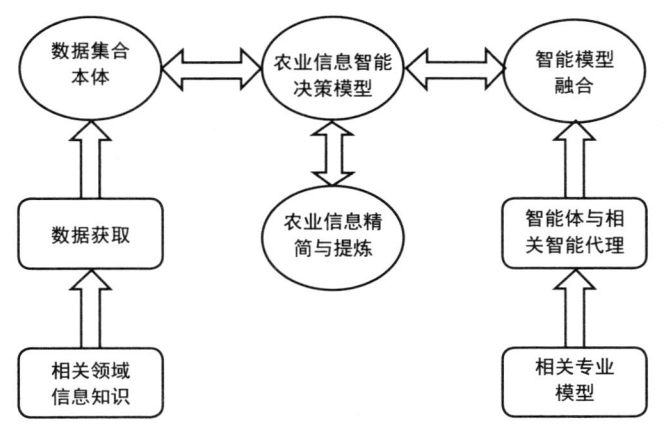

图5-8 农业信息大数据智能决策本体流程图

①构建数据集成度高、数据关联表达以及覆盖面大的农业数据集合关系本体。由于农业在不同的地域有较大的差异，且较为复杂，因此，相关的信息数据也就具有了地域差异性、复杂性、丰富性等特点，这使得收集农业信息数据集的工作量相当大，收集较为复杂麻烦，因此，为了更好地完成大数据智能决策本体，关键是构建数据丰富多元化的高效农业数据集关系本体技术。

②大数据关联的农业信息智能决策模型融合。现如今，在农业方面，已经有不少的关于农业信息的决策模型，并且大多数模型都是较为实用的，但却没有形成较为统一的智能化决策机制，因此，大数据关联的农业信息智能决策模型融合就是对这些决策模型进行分析，运用模型参数解析找出它们存在的关系，利用人机交互等一系列先进的技术将它们融合在一起，这样的智能系统就具有了实时响应、预动反应、交互描述和高效处理的智能化特点。

③大数据关联的农业知识库对智能决策结果的提炼与分析。在对农业相关信息进行分析以便形成决策时，首要的步骤就是对相关信息进行智能的初步操作，再把得到的结果存入到知识库中，然后就是运用知识库技术对初步的结果进行相关的提炼和分析[①]。

---

① 温孚江. 农业大数据与发展新机遇[J]. 中国农村科技，2013（10）：14.

(三)农业信息化云服务人机交互技术

由于我国的农业信息服务发展还不完善,在遇到问题时还缺乏较为科学合理的处理方法。因此,发展个性化、智能化农业信息服务平台等将成为我国农业信息服务的发展方向。在此基础上,运用信息系统的建模等多种信息技术,发展出符合我国基本情况的人机交互软件体系结构,为农民提供简明直观、高效便捷以及双向互动的信息服务[①],如图5-9所示。研发的任务主要包括:

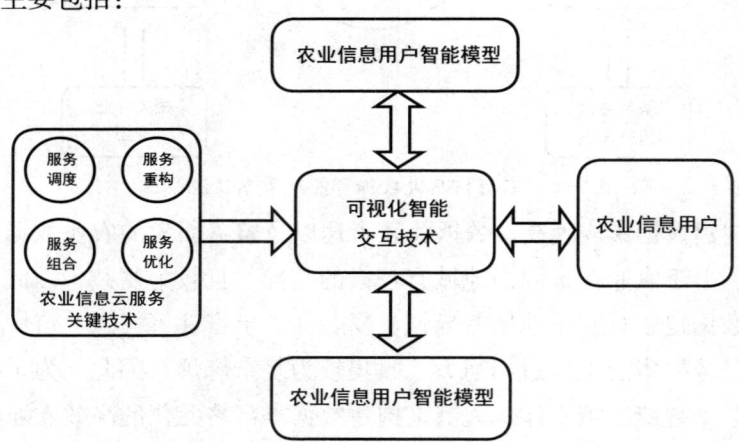

图5-9 农业信息大数据云服务智能人机交互流程图

①服务动态组合、重构、优化的农业信息云服务技术。由于大数据云服务模式具有效率高、成本低等多种优点,且较容易推广,因此,建设农村综合信息云服务平台将会成为满足农业信息服务综合化、专业化、个性化等需求的重要渠道。

②多类型、多层次、多水平农村用户服务模型。农村用户服务模型是运用计算机技术模拟用户现有的知识技能,来预测在未来用户可能出现的意愿或行为等。由于是模拟状态的,也就是假设的,所以,应及时对模型进行更新来以提高鲁棒性,并且由于实际用户的多类型、多层次、多水平性,所在设计模型上要赋予其多类型、多层次、多水平等个性化特征。

③农业信息大数据智能可视化交互技术。随着互联网等移动通信及多媒体技术的发展和推广,普适移动智能终端已经较普遍,对语音交互、人

---
① 温孚江. 农业大数据研究的战略意义与协同机制[J]. 高等农业教育, 2013 (11):3-6.

机交互软件和大数据可视化等信息技术进行重点研究和开发，为用户提供更加个性的精准农业信息服务以及普适终端自助服务。

四、大数据技术在农业物联网中的应用

美国大型农场，养殖场已经使用智能机器人来代替人的工作，大数据技术也得到广泛应用，例如西方发达国家共享数据平台的筹建，农业云服务提供商的发展。随着云计算的发展，大数据技术的不断进步及基于 Hadoop 分布式框架平台的海量数据处理技术，为解决现代农业问题提供了思路和方法。目前 Hadoop 在大型银行业务已经投入使用。在国内，物联网技术在北京、上海、浙江等地得到了广泛应用，在农业领域也特别重视农业物联网技术的发展。2016 年，大数据技术、云计算技术爆发，物联网技术在此基础上也得到了广泛的应用。物联网技术迅速走进各个领域，"物联网 + 农业"口号在农业领域也得到了广泛的关注，探讨了现代农业发展的方向问题。现代科技的发展，在硬件软件方面的不断更新，推动了物联网技术的进步，给智慧农业的发展提供了新的思路。

（一）农业物联网体系

随着科技的发展，物联网技术已在很多领域成功运用并且取得了不错的成果。但是在农业领域，由于农业受天气、土壤、地域等多方面客观因素的影响，使得农业领域的物联网技术发展缓慢。但农业领域对于物联网技术是最迫切的重点发展领域之一。农业物联网技术是运用各种传感器等感知设备，获取采集农作物大田、园艺园区、水产养殖、家禽养殖等农林牧业的各个领域的现场相关信息，然后将这些数据信息通过可靠的传输通道进行稳定不断的传输，服务器接受海量信息并对其进行计算分析整合，最后终端现场设备将数据以可视化的形式展现出来。经营者根据农业物联网体系提供的数据可以做出相应的调整，使农业生产的利润最大化。由此可见，农业物联网是贯穿于农业的选苗、种植、施肥、收获、生产、加工和流通等各个环节的物联网应用体系。

平台业务层面技术采用分层结构实现，从低至高共包含如下五层（图

5-10）：

①传感层：包括各类生长因子传感器、中继控制单元、RFID 设备、快速检验设备、视频摄像机等用于采集生长环境，以及物流、存储等环节的各类基础信息，例如监控信息、交易信息、储存信息和天气信息等。

②传输层：包括无线通信（远距离、近距离）和有线通信（工业以太环网）两部分，其中主干网络以有线通信为主，应用工业领域主流的工业以太环网，保证网络传输的可靠性。设备层面的通信技术有 Zig Bee、RF433、RS232，实现数据可靠、方便、快捷地传输、交换。

③业务层：用于生长因子监控以及质量溯源系统中各类信息，包括环境数据基础信息、业务管理信息、地理信息和视频信息等。

④应用层：用于为用户提供服务，按照角色分为多个入口，分别为监管者、生产者、供应商、渠道商、消费者。

⑤用户层：用多种终端方式，基于安卓、PC 以及 IOS 等多操作系统的查询支撑系统架构，包括各类信息安全保障方法，数据存储、访问与传输安全体系，通过安全制度与技术来保障信息的安全访问存取与恶意攻击环境下的数据安全与数据完整，关键技术包括在网络融合与系统异构环境下的信息安全技术、系统安全保障技术。

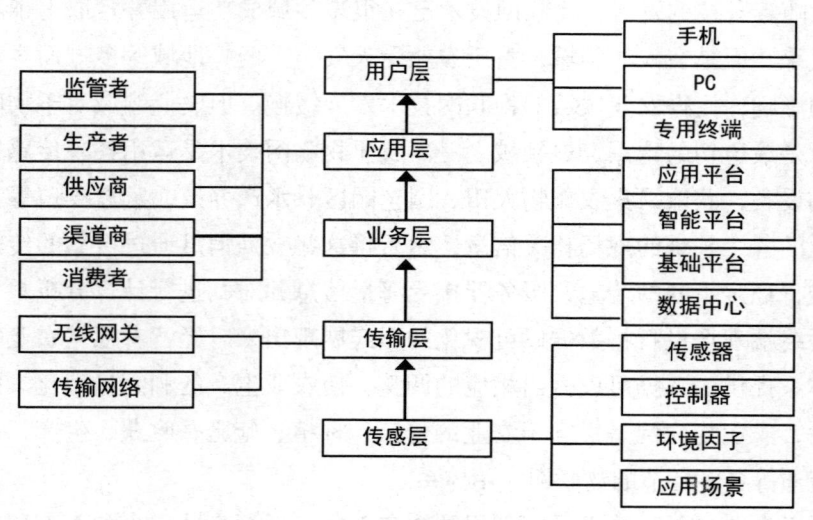

图5-10 农业物联网应用体系

（二）农业物联网大数据平台设计方案

1. 农业数据特点及处理需求

农业物联网就是涉农物品的物物相连，农业生产数据具有数量巨大、结构复杂、形式多样、实时变化和蕴含重要信息等明显的大数据特征，导致其在采集、传输、存储和管理及聚类决策方面给人们增添很大困难，主要体现在如下几个方面：第一，农业生产过程产生的数据量巨大。第二，农业生产数据类型多样。第三，农业生产过程数据价值密度低，需要通过大数据技术进行分析才能得到价值。第四，处理速度快。

随着农业现代化发展，需要采集的数据类型越来越多，数据的量越来越大，随着云计算和大数据技术的发展，为我们处理海量农业数据提供了思路，目前大数据技术发展迅速，而且有些应用已经相当成熟，为我们使用该平台进行数据存储处理打下了坚实的基础。

2. 平台功能需求及用户界面

农业大数据处理平台包括管理信息发布，农业数据采集，农业数据的上传下载，农业数据存储，用户信息与文件信息存储，及数据分析部分。根据不同用户的服务权限，这些功能要由平台前台及后台共同完成，保证系统合理配置，稳定高效运行。用户界面应该使它能够模块化、规范化、标准化，有利于系统的集成，可以提高系统开发的效率和扩展性。在用户界面设计时，根据不同的用户权限来提供服务，相关用户登录时会对其进行身份认证，获取系统的认证后，才能够进入相应的系统界面。平台用户可以分为三种类型：普通用户、特殊用户、管理员。

①普通用户：此类用户分为注册用户和未注册用户，用户可以对系统提供农业数据信息查阅、浏览，但是只有注册的用户可以下载平台提供的数据。

②高级用户：能够查询系统提供的 API。如果此类用户提交使用平台接口申请，在得到系统管理员的授权后，使用该平台提供的对外公共 API 接口，可以根据实际应用的需求扩展功能。

③管理员：实现对系统的所有权利，包括对系统配置管理，对系统的优化，从而使系统最优化和稳定运行。

3. 前台及后台功能

前台功能如图 5-11 所示。

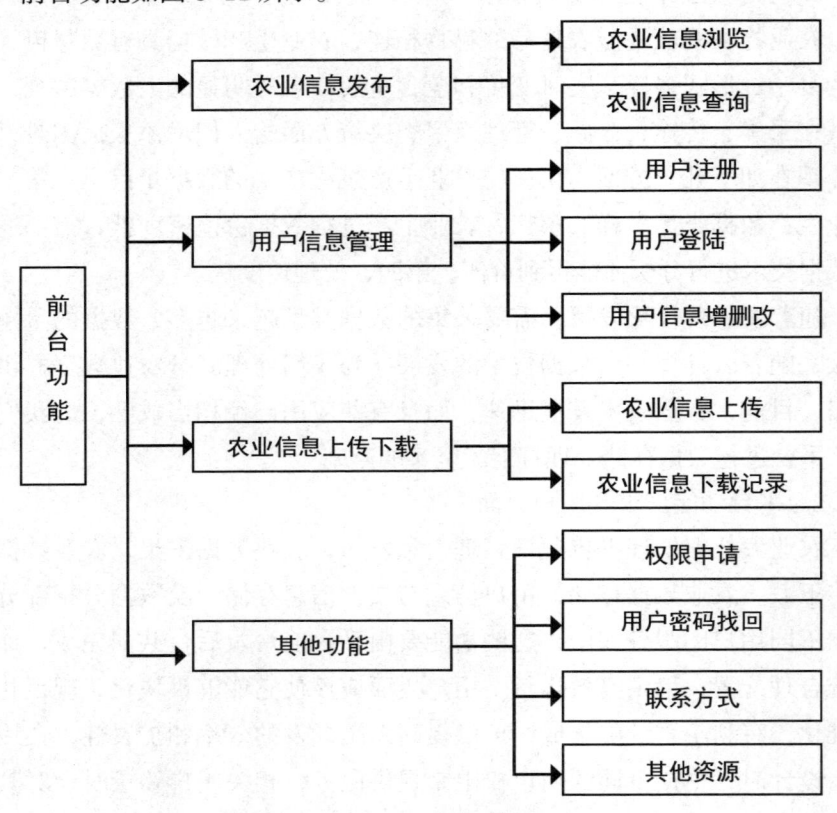

```
                    ┌─── 农业信息发布 ──┬── 农业信息浏览
                    │                   └── 农业信息查询
                    │
                    │                   ┌── 用户注册
                    ├─── 用户信息管理 ──┼── 用户登陆
  前台功能 ──────────┤                   └── 用户信息增删改
                    │
                    │                      ┌── 农业信息上传
                    ├─── 农业信息上传下载 ─┤
                    │                      └── 农业信息下载记录
                    │
                    │                   ┌── 权限申请
                    │                   ├── 用户密码找回
                    └─── 其他功能 ──────┤
                                        ├── 联系方式
                                        └── 其他资源
```

图5-11 前台功能

前台的展示是通过后台数据库及 Hadoop 平台的操作来完成的。后台是实现这些功能的核心，后台的实现我们需要进行需求分析，然后进行类图的设计，然后通过操作数据库。及数据库接口来完成数据的一系列的功能，后台主要实现的功能如图 5-12 所示。

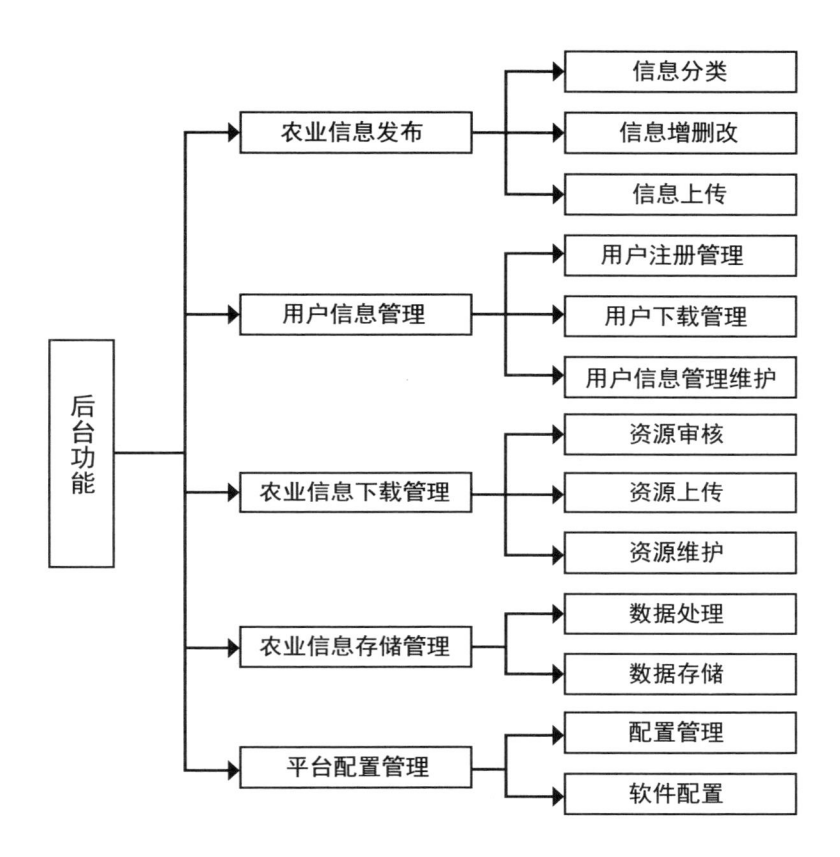

图5-12 后台功能

第六章 大数据技术与智慧农业发展

2016年,《中共中央 国务院关于落实发展新理念加快农业现代化实现全面小康目标的若干意见》中指出,大力推进"互联网+"现代农业,应用物联网、云计算、大数据、移动互联等现代信息技术,促进农业产业链的转型升级。《"十三五"全国农业农村信息化发展规划》提出未来5年农业农村信息化发展总体目标,到2020年"互联网+"现代农业取得明显成效,农业农村信息化水平明显提高,信息技术与农业生产、经营、管理、服务全面深度融合,信息化成为创新驱动农业现代化发展的先导力量。

同年中华人民共和农业农村部下发了关于印发《农业农村大数据试点方案》(国发〔2015〕50号)的通知,明确要求各省要开展省级农业大数据中心建设,通过资源整合,形成上下联动、覆盖全面的省级农业农村农民大数据交换、共享、开放平台。完善农业信息资源的共享体系,通过共享推动共建,制定农业资源目录体系,标准规范,深入数据挖掘应用,促进信息系统互联互通、业务协作协同,推动省一级的农业大数据相关建设,研究农业统计报表,各类数据和调查等数据开放模式,促进部省之间数据有序共享,解决制约农业农村大数据发展的突出问题和薄弱环节,瞄准"数从哪来、数谁来用、数怎么管",充分运用大数据理念和技术创新农业监测统计工作的思路和办法,充分发挥各地农业部门及企业、科研单位、行业协会的作用,推进大数据在农业生产、管理、服务、经营水平和应用能力,提高农业农村信息化管理及监测效能,更好地服务政府和农民生产经营。作为完善社会主义市场经济体制和转变经济发展方式的主要道路和发展方式,信息化已经成为经济社会发展的重要路径和组成部分,也是农业现代化建设重要内容。

而"智慧农业"就是在新时期"互联网+"的时代背景下，基于农业和遥感技术、物联网、大数据等高技术领域相结合所发展的农业信息化的具体形式，能够基于现代通信技术实现对农业生产环境的监测和控制，达到精确管理的目的。农业智慧化是农业现代化的基础和重要组成部分。新时期，牢牢抓住新一轮科技革命和产业变革为农业转型升级带来的强劲驱动力，大力发展智慧农业，提高农业生产标准化水平、加快农业技术创新，彻底改变农业"靠天吃饭"的局限，对于实现农业现代化具有重大意义。

一、智慧农业的相关理论

（一）智慧农业

智慧农业是农业中的智慧经济，或智慧经济形态在农业中的具体表现。智慧农业是智慧经济的重要组成部分，对发展中国家而言，智慧农业是智慧经济的主要组成部分，是发展中国家消除贫困、实现后发优势、经济发展后来居上，实现赶超战略的主要途径。智慧农业是与传统农业形成鲜明对比的新型农业生产运营方式，传统农业主要依靠农业生产者亲力亲为，信息沟通不畅导致很多问题产生，而智慧农业是农业与新兴技术产业相结合，从生产过程到后续管理最终向市场，全程均有高科技保驾护航，能够比较精确地定位各个阶段所需要的数据，能够快速做出相应举措应对产生的问题，突破了农业生产者的局限性，实现农业产量增多、农民收入增加、农作物质量提高、农作物食品安全更可靠、农产品市场更广阔等一系列有益效果。阮李花[1]认为智慧农业集合了多种现代科学技术，并且连接了农村的全过程，为农业可持续发展的实现提供了条件。但智慧农业和农业信息化、农业现代化还存在一定程度的区别，主要体现在农业生产生活全过程的普及，农业现代化和信息化大部分仅局限在生产和管理过程中，但智慧农业涉及生产、管理、组织、生活等各个部分，做到各方面的智能化普及。在农业生产方面，智慧农业在播种、种植和收获环节都做到了智能化和科技化，在解放了大量劳动力的同时，能更精确地计算播种时间和比重，在

---

[1] 阮李花. 宜昌市智慧农业发展对策研究[D]. 武汉：华中师范大学，2016.

农作物种植和培育阶段能够更及时地进行施肥、除草、灌溉等养护程序，种植更科学、更专业，在收获环节能够根据农作物成熟程度进行精确摘选分类，选择更优质的农作物成熟品种，不断优化下一代农产品品质。在农业管理方面，运用物联网和大数据精确地分析土壤水分和肥力情况，准确地给予补充，更好地实现农作物的优良种植。在农业组织方面，政府和相应农业管理组织部门能够根据云计算和大数据平台计算出来的指标，更好地管理和组织农业生产企业，针对市场需求及时调整农业生产产品和对策，更好地带领农业生产者实现精准生产和精准脱贫。在农业生活方面，指导农民和农业生产者提高在科技研发上水平方面的整体素质，教育和教学水平得到更高水平的提高，同时也保证农业生产者的身体素质得到应有的保障，科技医疗等配套设施相应跟进，实现农业生产者全方面的智慧农业水平的提高。

利用核心技术物联网、大数据、云计算、人工智能、机器人，扩大智慧农业的外延，加速技术高度化进程。根据CEMA（2017），农业的发展过程将分为以下几种：劳动密集，生产率低的传统农业被定义为Agriculture 1.0；通过绿色革命，农业生产率与规模较传统农业大幅增长被定义为"Agriculture 2.0"；利用GPS技术的精准密农业技术被定义为"Agriculture 3.0"；与ICT技术的结合，高强度的精准农业发展形成的数字农业被定义为"Agriculture 4.0"；使用人工智能和机器人等无人系统是决策农业的特征，被定义为"Agriculture 5.0"。农业发展阶段的技术特点如表6-1所示。

表6-1 农业发展阶段及技术特点

阶段	时期	特点
Agriculture1.0	20世纪初期	·劳动密集、生产率低的传统农业； ·虽然成功提供粮食，但投入人力消耗严重
Agriculture2.0	20世纪50年代后期	·通过扩大肥料、农药、农用机械的应用，实现了绿色革命； ·随着投入材料成本的降低，农业生产率及规模大幅增加

续表

阶段	时期	特点
Agriculture3.0	20世纪90年代中期	·利用 GPS 的精准农业技术登场； ·随着精准农业技术的成熟，目标扩大到节约费用、改善质量及多样化等
Agriculture4.0	21世纪初期	·通过 ICT 技术和现有农业机械的结合，实现精准农业的数字化； ·基于 sensor/ actuator. micro-processor. 宽带通信、基于云计算的 ICT 系统、大数据等的技术发展； ·增加 Non-physical service, eco- system, cooperaion 的重要性； ·与智慧农业（smart agriculure）. 数字农业（digital farming）. 数据农业（data farming）相同的概念
Agriculture5.0	未来	·基于 Robotis 和 AI 的无人自主决策系统

（二）精准农业

精准农业是与粗放式农业相反的一种农业发展模式，传统农业以多投入和少产出为主要弊端和特征，而精准农业更加精细化的管理降低了生产成本，提高了产出质量和数量，实现了农业更高水平的发展。精准农业主要是将农业同 GPS、RS、GIS 系统相结合，即卫星定位系统、遥感系统以及地理信息系统同农业发展全过程的融合，最终形成农田地理信息系统。卫星定位系统和遥感系统相互配合，共同为地理信息系统在农业上的应用提供技术和数据支持，通过精确定位和定量实现在农业生产全过程的精细化运作管理。所以，通过上述科学系统要在精准农业中实现以下三个特征，即定时、定位、定量。定时是在农作物相应的时节和生长发育时间点做出科学管理指示，做到时间精确、时点精确；定位是能够将农业生产管理范围内的区域精确的定位出哪里需要进行灌溉、哪里需要施肥；定量是通过地理信息系统将需要管理的区域使用多少剂量的水、肥、农药等，避免造成浪费和污染。

定时、定量和定位体现在农业生产过程中的每一个环节，如农作物的灌溉、养护、施肥、农药等都需要精确的计算和实施，这样能够根据具体发展状况做出相应的应对策略，既能够优化农作物的生产质量，又能够做到农业资源的合理利用，避免粗放农业浪费现象的产生。精准农业就是将农业与数字、信息相结合，通过3S系统将现代科学技术和农业生产全过程相结合，精确、精准地将管理细化，通过提高各阶段的智能化水平实现农业发展的高科技管理。精准农业发展的最终目的是追求质量而非数量，注重整体效益，而不是单纯地追求产量的提高，做到产品质量有一定程度的飞跃，实现从投入到产出整体效益的提升。精准农业不但对农业发展起到了巨大的帮助作用，对生态环境的发展更是功不可没，对于农业生态环境的可持续发展做出了巨大贡献。例如在农业施肥过程中，传统农业会将所有农作物做统一施肥，但是并不能准确定量实施，会出现过多或过少现象，但是精准农业就能够根据土壤肥力检测结果从而定量施肥，避免了过多肥料污染水资源；又如农药的喷洒，传统农业只能根据不同的作物进行分类，但是精准农业会根据作物实际所需，是否存在病虫害等情况精准喷洒，减少了污染；在灌溉方面，能够体现水资源的节约和农作物生长同时兼顾的益处。因此，精准农业是智慧农业在农业发展过程中实施的具体体现。

二、智慧农业大数据技术应用

为了提升农业信息化应用水平，充分发挥农业大数据在生产、经营、管理方面的价值，通过对面向泛在网络空间的智慧农业系统的研究与应用，实现农业精细化管理及效益，对我国农业现代化发展具有重要意义。

对于智慧农业大数据技术的应用，本书借鉴面向泛在网络空间的智慧农业系统设计，因篇幅所限，本章只介绍系统设计的基础理论、关键技术和总体设计，并重点介绍云计算技术服务、分布式计算技术、数据交换与共享技术、数据预处理技术等关键技术，以突出大数据技术在智慧农业中的应用。

（一）泛在网络空间基础理论

伴随全球互联网、物联网、移动互联网技术的发展和融合扩展，充分地促进了网络从非常单一的互联网、物联网扩展到了身边无处不在的网络，即：无处不在的网络。泛在网络空间是"U"战略的转换，泛在网络（ubiquitous）源于拉丁语，意思就是广泛存在的，无处不在的网络。全球各国均有相关的战略，如美国的智慧地球，韩国的"U"战略[1]。泛在网络空间是指建立在互联网等基础之上的，具有一定自适应能力及扩展能力的智能化网络。泛在网络空间通过各种网络的融合扩展，并且综合利用海量的传感器、人工智能设备、信息物理能源融合系统。顾名思义，也就是将人置身于无所不在的网络之中，实现人在任何时间、地点，用任何网络与任何人与物的相连或者信息交换[2]，基于不同需求，提供泛在的，无所不包的信息服务和应用。泛在网络空间模型如图6-1所示。

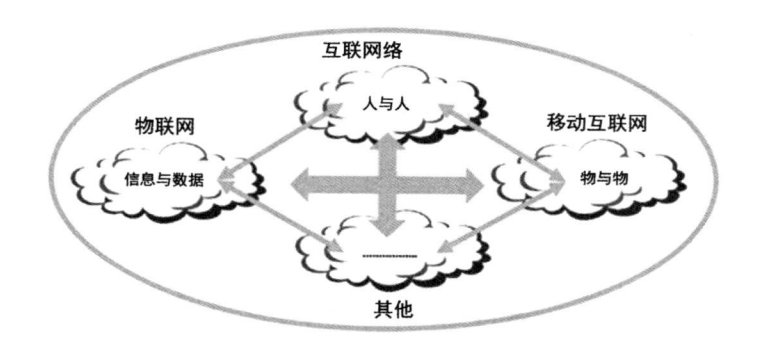

图6-1　泛在网络空间

随着网络空间的发展和扩展，将传统农业信息化从互联网应用扩展到了泛在网络空间应用，对象由人扩展到信息、物体等，具有重大变革意义和时代标志的。

（二）智慧农业系统总体设计

1. 总体设计思路

智慧农业系统设计采用MVC设计模式，开发采用瀑布模式结合快速原型法进行开发，整体设计思路主要围绕以下目标：

①面向全省整合各类涉农数据资源，实现省级农业数据中心；

---

[1] 毕义明. 从"传统田径"走向"智慧田径"[J]. 学园，2017（20）：149-151.

[2] 姚尧，陈亮，李尚滨. 泛在学习系统及其关键技术研究[J]. 林区教学，2014（06）：84-86.

②面向全省实现涵盖农业、农村、农民、生态、改革五个领域的管理；
③面向全省建立数据资源目录等的标准规范体系；
④面向全省建立省、市、县、乡、村五级工作采集体系及数据交换共享；
⑤形成全省统一的系统。

2. 总体构架设计

该智慧农业系统按照省级系统（平台）规模进行设计，以一个中心、一个系统、一张图、一套标准体系、一个窗口"五个一"为核心，面向各级领导、农委处人员等用户人群，提供基于大数据管理的数据采集、交换共享等内容，实现"底数清、情况明、措施实、问题准、效果好"的总体效果。如图6-2所示。

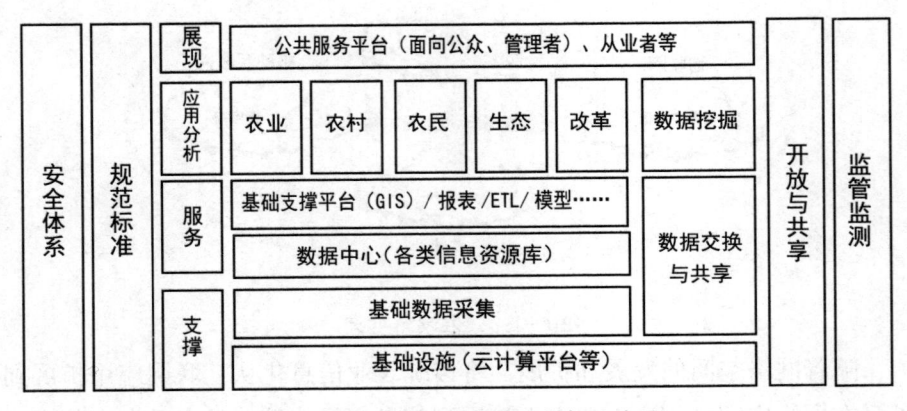

图6-2 智慧农业系统总体构架设计图

（1）一个中心

一个中心，即数据中心是该智慧农业系统的核心，通过有效整合和集中各类涉农信息资源，实现数据资源采集、整合与共享，形成数据中心。一个中心（数据中心）包含了两部分：

数据信息资源库：包含"农业、农村、农民、生态、改革"五大类主题数据资源，包括资源库、主题分析库。

大数据基础运行环境：包含大数据基础运行环境可依托云平台进行搭建，包括虚拟化计算资源、存储资源、网络资源、安全保障体系。

（2）一个系统（统一应用系统）

针对"农业、农村、农民、生态、改革"五个领域，构建集采集、监测、共享、分析、预测、预警、决策为一体的系统。

（3）一张图（GIS 地理信息系统）

绘制形成工作决策图，明确时间表、责任人和具体保障措施，为各级领导精准决策提供有力抓手和有效途径。包括决策分析一张图，GIS 区域一张图等。

（4）一个窗口（统一对外服务）

一个门户主要是指综合服务门户，其包括政务信息门户和公共服务门户。

（5）一套标准体系

覆盖数据资源目录、数据元和代码集、数据共享交换、决策指标体系、信息采集调度等方面的智慧农业系统标准规范体系。包括信息采集调度制度（数据口径、数据内容、报送频度、责任提供方等）、基础数据元和代码集、数据分析指标体系、数据交换与共享、信息资源目录体系、大数据管理平台管理规范等标准体系。建立贯通省、市、县、乡、村五级工作部门，覆盖政策、组织、人员、培训、资金五个方面的智慧农业监测采集体系。

3. 大数据（Hadoop 分布式计算）构架设计

该系统面向主题的分析功能采用大数据架构，如图 6-3 所示。

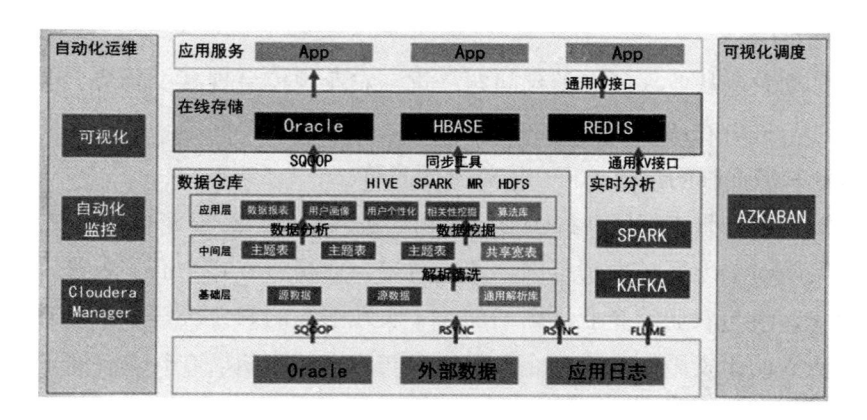

图6-3 智慧农业系统大数据构架设计图

（1）多数据源

数据源层本系统的数据来源，本文智慧系统数据来源采用 Oracle 数据库、外部数据文件，以及后面可能会产生的内外部应用日志文件等。

（2）面向主题的数据仓库

数据仓库建立在 HDFS 存储框架及 MR 计算框架上，主要包括基础层、中间层和应用层。

基础层：与源数据保持一致；

中间层：按不同主题建模的数据。

应用层：汇总、指标分析或数据模型，可以而形成不同的数据报表，从而可以形成具有一定通用作用的算法库。

（3）数据实时分析

数据流写入到分析中，实时地进行分析。

（4）在线存储

在线存储需要开发同步写入工具，从而将实时数据分析结果进行存储。

（5）应用服务

应用服务如：报表展示，需要通过通用接口来进行实现。

三、国内外智慧农业发展与大数据技术应用经验

（一）国外智慧农业发展与大数据技术应用经验

1. 日本

日本农业从业人员老龄化问题严重，农业规模呈现减少趋势，劳动力不足、与进口农产品的竞争加剧及收入减少等是主要问题。日本政府为解决农业领域面临的挑战，正在实施全面改革。

2003 年，日本特区允许企业通过租赁进入农业，2009 年修改《农地法》后，实施对象地区扩大到全国。随着通过企业租赁方式全面实现进入农业自由化，参与农业的企业逐渐增加。《农地法》的修订缓解了企业对农业生产法人的出资限制，成为企业扩大参与农业的契机。在日本，企业进入农业的方式除了农地租赁之外，还有农地所有合格法人出资或与农民一起设立农地所有合格法人等方式。2014 年成立了将闲置农地出租给农业生产法人等的机构"农地集成银行"，确立了农业用地占据全部农地 80% 的结

构，一定程度上遏制了闲置土地的发生。该政策实施后，生产公司等组织管理机构开始出现，并且随着农业工业化的战略运动的持续，企业也积极进入农业。

日本农林水产部分选定了2011年植物工厂项目、2013年新一代设施园艺推进项目10处，并在2019年将智慧农业引入生产现场。以此为基础实施"智慧农业实证项目"，计划到2025年，将数据应用到所有农业上。该项目规定，从北海道到冲绳的69个生产团体，从播种到流通等整个过程，接受政府和农业食品产业技术综合研究机构（NARO，national agriculture and food research organization）等的支援。日本政府以民官积累的数据为基础，以传播智慧农业为目的。在第18届未来投资会议上，日本发表了增长战略"未来投资战略2018"，其中作为地区中小企业相关项目的一环，推进了"农林水产业的智慧化"。

为了推进以数据为基础的农业发展，需要利用农业ICT，但目前数据与服务之间的相互联系不完善，分布在多处且数据广泛多样，数据形式也不同，因此实现这一目标具有一定的难度。日本为了解决智慧农业面临的课题，正在采取将农业数据进行共享的措施。日本政府为了将农机制造企业拥有的不同数据联系起来，创立了"农业数据连接基础协议会（WAGRI）"。WAGRI利用数据提高生产效率，为改善经营环境而设立的数据平台于2019年4月开始正式启动。日本政府在正式实施该项目的同时，促进农业相关团体广泛参与，将数据的合作、共享、提供范围从生产扩大到加工、流通、消费的价值链整体。

另外，日本正在集中开发远程探测、气象灾害预测、农业用水管理、农机自动化等实现智慧农机的要素技术，引领智慧农机的技术市场。在"战略创新参考（SIP）项目"中，将远程探测，支援大规模农场管理、气象灾害预报、管道排水自动化技术等引入智慧农业；在"机器人技术引进实证项目"中，将自动驾驶农业机械、收获及运输自动化机械、智慧设施园艺系统等引入务农现场。农机制造企业、IT服务企业等企业开发智慧农业产品及服务。Kubota、Yanmar等日本农业机械制造企业正在进行智慧农业机械（拖拉机、直升机等）的开发，NEC、IBM、NTT等大企业在农业领域提供与信息通信技术相结合的服务，Vegi Dream、NEC、NTT 等大企业也在农业领域提供信息通信技术服务。

总之，日本在政府的引号下，通过民官联合及各研究机关间的合作，积极推进智慧农业技术开发及实用化。

2. 荷兰

荷兰为提高小面积土地的生产效率，正在集约投资和投入技术。荷兰是世界农业强国。荷兰之所以能够成为农业发达国家，主要是因为农户、研究机关、企业之间紧密联系，并以此为基础形成了先进农业体系。

荷兰是畜牧业、奶业、花卉农业发达国家。荷兰土地面积狭小，因此主要发展温室农业即设施园艺领域，以此提高农业生产效率。荷兰的主要农产品是花卉、装饰用树木等花卉苗木和牛肉、羊肉、猪肉、家禽等肉类。

荷兰的农业增长战略是为了更有效地利用相对较小的国土面积，实现能够创造高附加值的农业系统。荷兰集中培育农业生产核心的种子产业、种苗产业、种畜产业，掌握了从农业生产到流通的农业价值链。另一方面，荷兰国内多数农户之所以能够成为引进尖端设备的智慧农户，主要是因为政府为农业的现代化制定了《农田统合政策》。

政府向购买农地扩大规模、引进尖端设备的农民发放补助金；而对于那些放弃农耕移居城市的人们，政府提供了适当的出售土地的补助。从1947年开始，荷兰连续60多年实施此政策，在多年的努力下，农户的规模化取得了进展，而且大多数农场的规模化与尖端技术相结合，成为智慧农场。荷兰农业的规模化、尖端化成为造就世界级温室环境控制企业、自动化畜舍制造企业的基础，对荷兰成为设施、园艺相关控制模块和解决方案的先导国起到了很大作用。荷兰以与温室材料相关的龙头企业 Priva 为首，拥有 Hortimax、Hoogendoorn 等在环境控制解决方案领域独占鳌头的企业。这些企业不仅是单纯的设备制造企业，还是在以大数据为基础的精密栽培方面具有优势的企业。这些企业和政府通过长期积累数据，构建了可以根据地区、农户规模进行量身定做的管理体系，这些长期收集的数据如今成为荷兰农业强竞争力的原因之一。

温室领域最普遍使用的农业大数据交换平台是 Wageningen UR

（wageningen university and research center），Wageningen UR 是由政府研究组织（DLO，National Agricultural Research Station）和 Wageningen University 于 1997 年合并，为提高研究开发效率而设立的机构，并在 2002 年开发了名为"Lets Grow"的平台，Lets Grow 平台的开发由 Wageningen UR 负责，运营由荷兰著名的环境控制设备企业 Hogendorn 负责。Lets Grow 平台收集了过去约 20 年间荷兰境内的草莓、彩椒等作物繁育信息。该平台连接了大多数荷兰设施园艺农户，可以接触全世界各地的数据，实时监测温室环境，与其他种植者进行成果比较、分析、共享。荷兰通过长期积累的数据使他们的农业在世界市场上具有强竞争力，并可以根据各种条件谋求最佳的控制方式。

3. 德国

最近在德国产业界，"数字化"成为热门话题，农业方面为了实现生产的可持续性和劳动时间的减少，也正在努力实现数字化。德国为推进"农业数字化"而追加预算，2019 年达到 3 564 亿欧元，比 2018 年预算增加了约 130 亿欧元。德国联邦食品农业部正在制定数字农业政策开发计划，构想增进生物多样性、提高动物福利以及保护环境的数据接口项目，并构建在发生自然灾害或病虫害时可以独立应对的系统，通过人工智能系统控制整个农场。德国农民协会（DBV）免费提供开放数据、数字技术开发和使用、职业教育等，德国政府目前正在构想农村地区"移动网络扩张的总体战略"[①]。

在德国，精准农业正在普及，包括 GPS 和显示器、机械自动化、遥测、门户网站、应用程序、环境管理服务等。德国农业的 GPS 数据使用在世界范围内起到了先导作用，通过与合适的电脑程序相连接的 GPS，使用拖拉机和无人驾驶收获机等，带来了作业效率化和节约燃料的效果。此外，还通过天气软件、无人机、数据管理系统，有效提高土地管理效率。德国的代表企业 BASF 凭借技术与智慧应用功能的融合引领"数字农业解决方案"。以 100 年以上的管理经验和 30 年来积累的农业数据分析，向世界多个地区提供数字信息。另外，德国农食品领域的创业活动非常活跃，VC 投资企业

---

① 戴珍蕤. 促进我国智慧农业发展的对策研究 [D]. 舟山：浙江海洋大学，2018.

超过100家。①

4. 法国

为了提高产量并解决农户劳动力不足的问题，法国对与农业接轨的ICT的关注度和使用频率呈逐渐增加的趋势。79%的法国农民表示，需要农业的新技术，其中46%已经在使用智慧GPS，据统计从2013年到2015年，农业领域的App使用率增加了110%。法国政府正在积极支持多家企业参与农业信息技术：法国公共投资银行在2017年向农业领域约6千家企业投资15亿欧元；2018年向农业信息技术相关创业企业投资约2.27亿欧元。据预测，2024年农用机器人市场销售额将达到739亿美元②。

法国政府正在推进"农业革新2025"项目。2015年法国政府与农水产资源部、国立农业研究所及Agro Paris Tech经营者一起实施了约30多个智慧农场项目。项目计划到2050年为止，确保可使用的水资源可供约百亿人口使用，并逐渐实施促进土壤的碳捕集、提高土质、综合水资源管理等。另外，"法国新农业"项目也包括机器人领域。在巴黎举办的大规模农业博览会从2016年开始使用"Agri 4.0"的新名称，并着重介绍适用于农业各领域的ICT技术。2019年介绍的主要技术有无人飞机，以人工智能及机械学习为基础的形象分析技术，利用太阳能驱动的除草机器人等。

5. 英国

政府把农业部门的可持续发展定为目标，最近为了农业革新，通过农业信息技术战略进行持续投资。2015年以后Innovate UK通过农业信息技术中心投资约9千万英镑，2015年农业研发投资总额约为4.9亿英镑，农业领域投资额高于主要竞争国家。2013年实施《农业技术战略》后，开始将农业信息技术视为一个新的产业领域。英国是农业技术、创新、可持续发展领域领先的国家，正在开发和利用新技术、产品以及服务来提高生产效率。

Harper Adams University的Hand-Free Hectare项目展示了无人作物栽培及收获技术。Grow Up Urban Farms于2015年成立了英国首个商用水耕栽培城

---

① 韩国农水产食品流通公社. EU主要国家，基于ICT的数码农业智慧农场[R]. 罗州：韩国农水产食品流通公社，2019.
② Kim M, Park J, Park S, et al. Smart farm global trend and strategy 1 [R]. Seoul：KOTRA, 2020.

市农场,该农场每年生产 2 万公斤沙拉和香草,4 000 公斤鱼类。Small Robot Company 利用农业机器人与人工智能算法分析农场环境变化。Sagentia 通过使用多种传感器生成的数据来监测家畜的消化道健康及潜在感染。

6. 美国

美国是现代机械化农业大国,以其高效率著称于世,自 1607 年第一批殖民者进入北美大陆后,仅用了 3 个多世纪的时间,便跨进了世界最发达的现代化农业阶段,无论是其农业生产力水平,还是机械化、标准化、专业化程度,都遥遥领先于世界上的其他地区。美国是一个地广人稀的国家,其领土面积超过 937 万 km^2,位居世界第四,土地资源丰富且人均耕地面积接近 0.6 公顷,是世界上耕地面积最大的国家。美国人口有 3.24 亿(截至 2017 年 1 月),2012 年美国的务农人口约占总人口的 2%,以这 2% 供养着 3.24 亿人口的食品需要,还能有 2/3 的农产品对外出口,是世界上最大的农产品生产国和出口国。[①] 且美国全年降雨量大而均匀,土壤肥沃适合耕作的平原地区超过国土面积一半之多,以上种种因素都使得土地和机械相对价格长期下降,而劳动力相对价格不断上升,促使农场主不得不用机械替代人工,某种程度上提升了美国农业的机械化水平和规模化经营。

得益于其得天独厚的自然条件和良好的发展基础,美国智慧农业在全球范围内起步较早且成效显著。早在 20 世纪 80 年代,美国提出精准农业的构想,这便是智慧农业的前身,期间其农业监控技术对农作物的栽培管理、生长监测等农业系统构成了智慧农业的早期技术基础。90 年代,美国智慧农业的发展与温室信息化技术的发展密不可分,温室控制和管理系统可以根据温室作物的特点与需求,对温室内温度、湿度、光照等因子进行自动调控,还可利用温差技术对农产品的开花结果时间进行调节,从而适应市场需求,降低不必要的市场风险。随着现代化信息技术的大规模普及,智慧农业得到了更大的发展,目前,美国已将全球定位系统(GPS)、遥感监测系统(RS)、地理信息系统(GIS)等智能化系统应用于农业生产领域。

美国土地资源丰富,拥有规模庞大的农场,以家庭农场为生产单位的

---

① 美国国家概况 [EB/OL](2017-03-31)[2021-10-15]. http://www.ce.cn/xwzx/gnsz/szyw/201703/31/t20170331_21641925.shtml.

农场主每户平均需兼顾500公顷以上的土地，单单依靠人力是不可能完成农业生产的，必须引入人工智能。位于硅谷的Farm Logs公司是美国农业智能化管理方面的代表性企业，为全美15%的农场提供服务，该公司掌握着政府公开数据、农作物种植统计数据、农场基本信息等，其开发的App客户端通过对农作物生产种植过程的云端分析，为农场主提供精准即时的决策信息，农场主只需通过远程操作就能对整个平台所覆盖的农场区域进行实时监控，既省心省力又起到规避风险的作用。

在美国农业智慧化过程中，政策扶植也是农业发展中重要的一环。2007年，美国出台新《农业法》，形成了以《农业法》为基础、一百多部重要法律为配套的农业法律体系，涉及农业资源与环境保护、农产品贸易、土地利用与开发、农业信贷等多个方面内容，系统完善、内涵丰富。随着互联网发展，网络成为政府关注农业发展的重要工具，2009年，美国政府推出Data.gov网站，该网站数据库有关于诸如植物基因学和当地天气情况的详尽内容，这些数据对于智慧农业发展所产生的价值是非常巨大的。

7. 以色列

以色列为克服恶劣的农业环境，对智慧农业的需求不断增加。据以色列统计厅统计，2018年，以色列的农产品生产规模约为83.3亿美元，农业出口规模约为12.7亿美元，其中农业技术出口规模约为9.4亿美元。

以色列的智慧农业大致可分为三个领域：

第一，生命科学和育种领域。以色列的生命科学及育种技术在全世界范围内得到认可。研究机关及民间企业正在集中力量开发适合多种气候条件的种子，并增强其对各种疾病的抵抗能力。欧洲种植的西红柿中约有40%使用以色列开发的长寿种子，同时以色列开发的无籽西瓜和小西红柿的种子，也在全世界范围内得到认可。

第二，灌溉系统领域。以色列作为缺水国家，为应对缺水问题，开发了灌溉系统和淡水化技术。以色列80%的生活污水被利用为农业用水，75%的以色列农户引进并使用智慧灌溉系统，80%的灌溉系统出口海外。作为作物管理方面的综合解决方案，利用"自动系统IOD（Irrigation on demand）"，自动决定水和肥料的供应量和时间。具有代表性的以色列智慧农业企业 NETAFIM 是农业灌溉、温室领域的世界顶级企业，特别是在灌溉领域居世界市场占有率首位，开发了根据地形、气候、植物种类等多种变量条件下所需水的点滴管。

第三，畜牧业领域。以色列畜牧业分为酪农、家禽、绵羊、山羊，酪农业占农业总产值的 16.5%，其中牛奶占 11.6%，肉类占 4.9%。以色列奶牛改良后，每头奶牛拥有 11 000 公斤的世界最高产乳量。在奶牛的足部安装传感器，通过脚的动作自动感知发情等，将生物技术实用化。同时为了种畜改良，将各个体产奶量、牛奶品质、血统关系、繁殖能力、健康等资料数据化后加以利用。

（二）国内智慧农业的发展成效

我国幅员辽阔、物产丰富，陆地国土面积为 960 万平方公里，约占世界陆地总面积的 1/15，居世界第三位。[1] 地势地貌复杂多样和气温环境南北差异造就了我国各具特色的农业生产带，但由于承担着世界第一人口大国的压力，我国耕地面积相对较少，人均耕地面积远低于世界平均水平，加上生态环境的破坏和不可再生资源的不断减少，当务之急便是要调整农业发展路径。显然，智慧农业将现代信息技术与传统农业生产模式相结合，用现代科学技术装备农业，不断提升农业生产效率和农产品质量，发展智慧农业，是我国坚持农业可持续发展道路的必由之路。我国智慧农业虽起步较晚，但已初见成效，本章主要列举了智慧农业在我国农业各领域的主要应用情况，并总结我国智慧农业发展的经验。

1. 智慧农场

智慧农场是现阶段发展智慧农业的基本形态，主要包括大田种植和设施农业两方面。大田种植方面，赵胜利[2] 将多种技术集成建立了大田作物生长感知与智慧管理物联网平台，可实现数据采集、管理、分析及应用，在 5 省 17 个试验区进行了推广应用。随着无人机技术的发展，为获取丰富、精确、小尺度的农田信息提供了可能，天空地一体化的遥感数据获取体系

---

[1] 中国政府网. 中国概况 [EB/OL]（2005-08-11）[2021-12-10]. http：//www.gov.cn/guoqing/2005-08/11/content_2583942. htm.
[2] 赵胜利. 作物生长感知与智慧管理物联网平台架构与实现 [D]. 南京：南京农业大学，2015.

将为发展智慧农业尤其是实现智慧大田提供技术保障。中国农业科学院农业资源与农业区划研究所研制开发了天空地一体化农田地块大数据平台，利用卫星遥感技术、无人机与车载地面样方调查装备及农业物联网等相关系统，智能获取每个地块的周边环境因素、土地利用类型、农作物长势、农户生产决策信息等农业生产大数据，将从科学上解答农民每年"种什么"、"怎么种"等问题，该平台在三江源地区进行了示范和推广。设施农业是智慧农业发展应用中最为广泛的领域之一，包括温室大棚、植物工厂等，不同地区都已开始大力发展。现阶段已研发构建了大量的智能设施农业环境监测系统、生产管理控制系统及视频监控系统等。基于这些智慧农业决策系统支持，现阶段可以实现设施农业生产环境信息的无线采集监测，并进行环境优化控制；对生产过程进行精细化管理控制，包括作物生长感知、精准施肥、病虫害监测及节水喷灌等，并在一定程度上可以实现农产物安全监测和流通的信息化。

2. 智慧果园

实现果园的智慧化种植、管理也是智慧农业的重要应用。章璐杰[①]基于物联网技术构建了智慧葡萄园管理系统，系统中实现了数据库存储优化、基于 n-of-N 模型和生命周期存储策略的数据流处理模型及最远优先 K-means 数据挖掘算法，可以完成葡萄园环境信息的采集、存储、处理与挖掘，实现葡萄整个生长周期的自动监测和控制，具有比较好的普适性和通用性。濮永仙[②]以瓜果种植为研究对象，建立了物联网智能农业瓜果生产系统，可以实现瓜果生产要素的精细化和智能化控制，具有基于支持向量机对病虫害预警诊断以及产品安全溯源等功能。此外，包括采摘机器人、除草机器人、嫁接机器人、苗盘搬运机器人等不同功能的农业机器人在果园中也得到广泛应用，可以实现除草、果实采摘等的智能化。

3. 智慧养殖

目前畜禽水产养殖的研究大多集中在利用无线传感器实现养殖环境的实时监测、数据监测及设备调控等，利用无线传感网络对动物生理特征和

---

① 章璐杰. 基于物联网的智慧葡萄园管理系统的优化研究 [D]. 杭州：浙江大学，2017.
② 濮永仙. 物联网智能农业系统在瓜果生产中的应用研究 [J]. 科技广场，2016（1）：92-97.

健康信息进行监测。畜禽养殖方面，利用传感器网络可以实现猪舍等养殖环境的信息监测，通过系统的智能分析得到养殖环境的变化情况，并根据变化情况实时进行反馈调控，使养殖环境保持最优状态，实现精细化管理。此外利用无线传感器网络对牲畜的健康信息监测也是在畜禽养殖上的重要应用。中国农业大学李道亮团队对物联网技术在水产养殖的应用进行了较为系统的研究，在数据感知、数据传输与数据应用方面都取得了突出成果：实现了海水、淡水、半咸水等不同应用场景下的传感器精确测量；提出了复杂养殖环境下时空融合的无线传输方法，提高了无线传输网络在复杂水产养殖场景下的稳定性；提出了水产养殖实时数据在线处理模型与方法，构建了基于实时数据与知识库联合驱动的鱼类生长动态优化模型，为实现水产养殖精准智能调控提供了关键的技术。

4. 互联网化经营

农业经营主要是利用网络技术实现农业经营的信息化，通过现代信息技术为农户在互联网上提供销售、购买和支付等方面的一条龙智能服务，使农产品打破传统销售的时间限制、空间限制，解决农产品推广、积压、流通等问题。阿里在农村建立淘宝村，经营农产品网点超40万个；京东开展智慧农村，建立县级服务中心，已在全国建立1 500个县级服务中心，推动了农村电子商务的发展。"聚筹网""尝鲜众筹""大家种"等多种农业众筹模式可为消费者提供个性化服务，是农业经营创新的主要手段。此外，农村现代电商物流模式也开始创新发展，逐步解决农村物流问题。

5. 智能化管理与服务

农业智慧管理包括智慧预警、智慧控制、智慧指挥、智慧调度等内容。推进农业智慧化管理，重点是通过农业大数据的开发和应用，建立智慧农业综合化的信息服务平台来进行决策、指挥和调度。南京市以"11N"为核心进行市智慧农业中心建设，抓好农业大数据，建立农资监管信息系统、重点农业项目信息管理系统、农产品质量安全追溯管理系统等多个系统，为部门行业监管、应急指挥调度、领导科学决策等提供了有力支撑。北京市通过建设北京设施农业物联网云服务平台、智能决策服务和反馈控制系统，实现了病虫害远程诊断、监控预警、指挥决策，以及肥、水、药智能控制和设施农产品质量安全监管与追溯等。同时，互联网的发展使得农业服务模式发生转变，由以公益性服务为主的传统模式向市场化、主体多元化、服务专业化转变，实现更为全面的社会化服务。通过网络媒介，既可以使农民获取先进的技术信息，掌握最新的农产品价格走势等市场行情，自主决策农业生产，也可以使消费者了解最新的产品信息。象山县利用现代信息技术建立了智慧农业综合服务平台，为企业、农户、政府开展农业生产提供支撑，提供多种农业服务，实现了全县农业服务的智能化。

（三）我国智慧农业未来展望

在"振兴乡村"的战略背景下，智慧农业是未来农业发展的根本方向。总体上看，虽然我国智慧农业研究取得了明显进展，但研究水平还处于起步阶段。未来的一段时间内，智慧农业研究将会以理论、技术、装备和系统研究为核心，因地制宜与产业融合应用，提升农业信息化发展水平。

首先，智慧农业关键技术创新研究将是未来研究核心。创新开发集多功能一体的国产传感器，实现实时、动态、连续的信息感知，并强化传感器的采集精确度和抗干扰性。形成包括物联网标准、智慧硬件（传感器、农业机器人等）的统一开发技术标准，优化数据传输方式，既保证效率，又确保稳定和安全。目前研究集中在数据的采集过程，而对数据处理、挖掘研究较少，大力发展云计算、大数据技术，数据融合、数据存储、数据挖掘等数据处理方法将是研究的重点；如何实现互联网、物联网、大数据的深度融合，并在生产中开发集大田种植、设施园艺、畜禽水产养殖物联网一体的技术平台是推动智慧农业发展的关键。智慧大田中的技术将是突破的重点，地块尺度的农田大数据库建设将是今后智慧农业数据建设的一个重要方面，其中天地空一体化的遥感数据获取体系将是重要的技术手段；农产品物流、农业电子商务等其他生产过程之外的技术手段探讨也是要加强的领域。

其次，智慧农业发展规划研究也是一项极其重要的任务。技术支持是"硬条件"，而规划设计则是"软实力"。目前对智慧农业的研究大多集中在技术层面，而对于智慧农业的发展规划、模式设计等则鲜有研究。智慧农业发展是一个长期性的过程，政府必须做好顶层设计，把握住发展的大方向，保证智慧农业的良性发展；各地应因地制宜，避免盲目跟从，创新研究适合本地的智慧农业发展模式。技术推广的运行机制及物流配送的战略性规划也将是探讨研究的重点。因此，在未来的研究中，应加大智慧农业发展模式及推广模式的研究。

第七章 大数据技术在农业领域应用的实证案例

近年来随着互联网、物联网、云计算、大数据和人工智能等新兴技术的迅猛发展,信息化在提升农业生产效率,辅助农业结构转型和优化方面的优势和贡献日益凸显,通过这些技术手段,对整个农业产业链不断进行数字化并形成农业大数据。

本章选取大数据技术在以甘肃省苹果产业为代表的种植业、以奶牛场为代表的养殖业和以杨凌农业示范区为代表的智慧农业示范区中的应用案例,来具体阐述大数据技术在农业领域中的应用,助力我国农业结构转型。

一、大数据技术应用种植业管理的案例

甘肃省四大苹果主产区苹果产业发展优势突出,是带动苹果主产区经济发展和取得脱贫攻坚战全面胜利的支柱产业。近年来,大数据技术在农业领域发展迅速,大数据技术运用于甘肃苹果种植环节将成为推动区域经济结构调整,提高甘肃天水、庆阳、平凉、陇南等四大主产区苹果种植环节质量管理的有效手段。因此,本章研究如何通过大数据技术提高甘肃苹果种植环节的质量管理水平,有利于提升四大主产区苹果品质,促进甘肃苹果增产、果农增收,充分发挥甘肃苹果产业优势,推动全省苹果主产区经济发展。

(一)大数据技术下苹果种植环节质量管理分析

1. 大数据技术下苹果种植环节质量管理现状

新一代信息技术的发展,加快了大数据进入各行各业的速度,但在农业领域应用大数据的时间较晚。近几年,农业大数据应用的普及程度越来

越广泛,但在农业领域普及率较低,而农业大数据可以对土壤酸碱性、气候、水文及病虫害进行监测与预警,有效提高农产品溯源质量。近年来国家开始重视大数据在农业发展中的应用,建立了新疆棉花大数据中心、杨凌农业大数据中心、贵阳现代农业大数据有限公司等平台。

陕西省在农业大数据的应用上也是走在各省的前列,2018年苹果大数据中心建成,基本的数据采集、整理、分析平台已完成并投入使用,同时,55个智慧果园已建设完成,后续将开展基础数据的采集试验点,与苹果研究专家合作挂牌苹果数字化的试验站,此外,我国主要苹果大省河南、山东等地也在着手筹建苹果产业大数据中心。如图7-1所示,陕西苹果产量基本保持上升趋势,2018年受冻害产量有所下降,但是陕西省在建成苹果产业大数据中心之后,陕西省苹果产量大幅提升,从2018年的1 008.7万t增加到2019年的1 135.6万t,同比增长了12.58%。因此,在运用大数据技术对苹果种植业进行质量管理,可以增加苹果产量,并提高苹果质量。

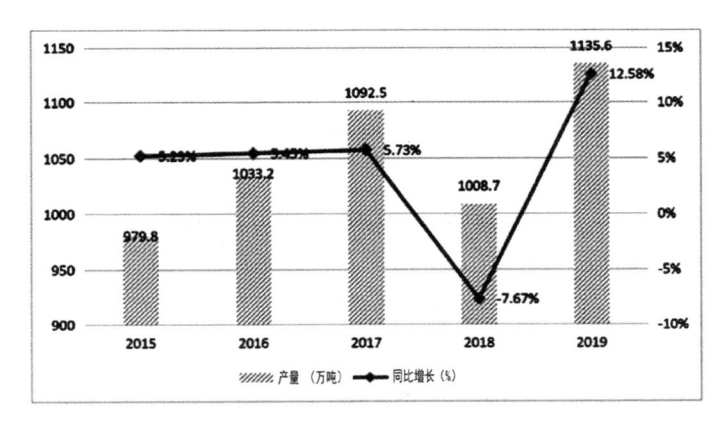

图7-1 2015—2019年陕西省苹果产量和同比增长率

数据来源:《陕西省统计年鉴》(2016—2020)

由于甘肃省大多数农业种植区处于偏远山区,信息滞后,当地果农思想观念相对落后,农业大数据技术起步较晚,应用滞后。但是近年来,随着互联网覆盖率的增加,加上政府的宣传推广,农业大数据在甘肃省逐渐建成。

2. 大数据技术下苹果种植环节质量管理的优势分析

（1）大数据技术下苹果种植环节的管理流程

①传统模式下苹果种植环节的管理流程。

苹果从育苗栽种到开花结果的生长周期一般比较长，通常从苹果树育苗、栽种到开花结果需要2~3年，有的甚至需要5年，但是随着科技的进步，苹果的品种逐渐得到了改良，经过品种改良的苹果在当年就可以挂果。如图7-2所示，传统模式下，苹果种植需要经过育苗、栽种、施肥、灌溉、喷药、修剪、套袋、采摘、储藏及出售等十个环节。根据在甘肃天水、平凉、庆阳、陇南地区的调研，50％以上的果农同时施用化肥和有机肥，但主要以化肥为主；最近三年来地区降水比较丰富，人工灌溉果树的频率非常低，一年浇水1~2次，甚至一部分果农没有进行灌溉。总之，传统模式下苹果品种选择、苹果种植、土壤成分检测、天气预测、病虫害防治以及苹果储藏都是凭借果农的经验进行管理的，这种管理模式缺乏一定的科学依据，导致苹果种植效率低，人工成本高，果品质量差。

育苗 → 栽种 → 施肥 → 灌溉 → 喷药
出售 ← 储藏 ← 采摘 ← 套袋 ← 修剪

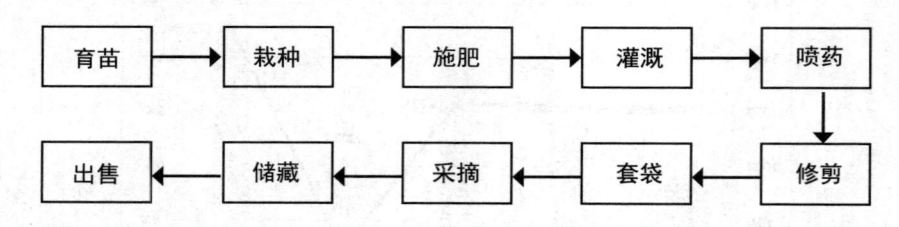

图7-2 传统模式下苹果种植环节的管理流程

②大数据应用模式下苹果种植环节的管理流程。

随着新一代信息技术的发展和应用，在苹果种植环节应用大数据物联网技术已经成为趋势。如图7-3所示，大数据应用模式下，首先，通过数据传感器采集苹果种植环节中的降雨量、土壤温度和湿度、光照度、氧气浓度、土壤养分、苹果生长图像及市场价格信息，并将采集结果上传到大数据平台；第二，由大数据平台上传到苹果种植生产管理者，苹果种植生产管理者通过查询标准苹果数据库、历史数据和专家数据库进行数据分析，然后将分析结果反馈到大数据平台；第三，将分析结果上传到果农的手机终端，果农通过得到的数据分析结果发出控制指令；最后，将控制指令上传到大数据平台，由大数据平台进行远程操控。这种模式下，有助于提高苹果种植环节的质量管理效率，降低人工成本，增加果农收益，优化果农质量，推动苹果种植业快速进入信息化管理进程。

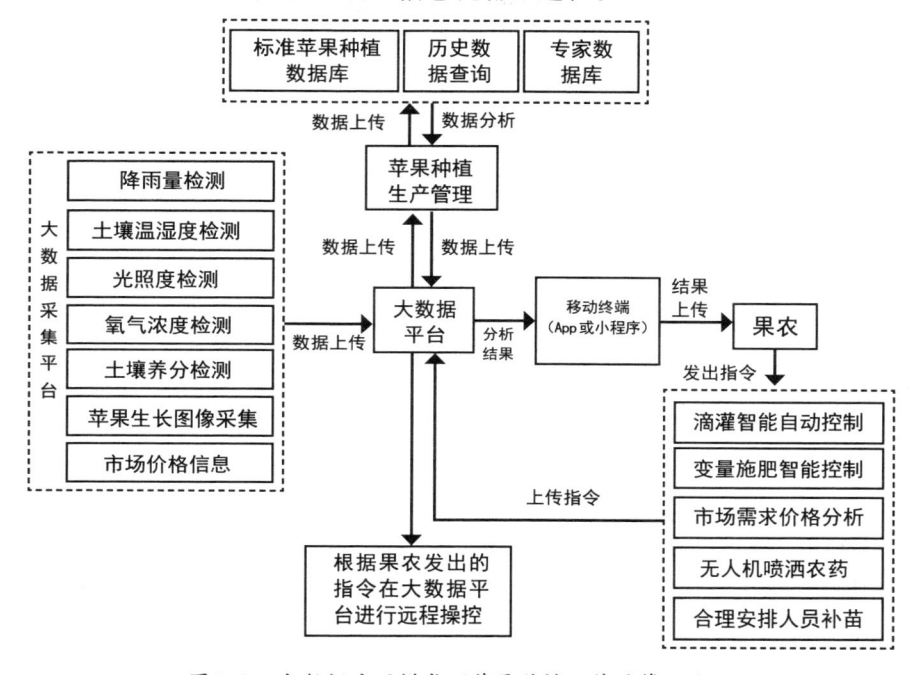

图7-3 大数据应用模式下苹果种植环节的管理流程

（2）大数据技术苹果种植环节的质量管理效率高

①研究方法及数据来源。

A. 研究方法。

甘肃是我国苹果种植大省，目前苹果产量位于全国第五位，但是在种植方式、果园管理模式上仍采用传统的技术手段，对大数据的应用还处于雏形阶段，完全以苹果种植为主的大数据平台尚未建立。相比之下，陕西省在这方面取得的成果较为显著，运用大数据技术在苹果种植业的应用已进入普及阶段，2018年建成的国家级苹果产业大数据中心，实现了省、市、县三级数据的采集、标准化及数据建模工作。因此本书采用DEA模型的Malmquist效率指数对甘肃和陕西苹果种植的全要素生产效率进行对比分析，得出大数据技术在苹果种植环节的质量管理效率优势。

DEA-Malmquist 生产率指数是 Caves[①] 在 1982 年将该指数用于全要素生产效率变化的测算，见公式（7.1）：

$$M_0(x_{t+1}, y_{t+1}, x_t, y_t) = \left[\frac{D_0'(x_{t+1}, y_{t+1})}{D_0'(x_t, y_t)} \times \frac{D_0'^{t+1}(x_{t+1}, y_{t+1})}{D_0'(x_t, y_t)}\right]1/2 \quad (7.1)$$

后来又在 Fare 等人的研究下，公式（7.1）在规模报酬不变的情况下分解为技术效率指数和技术进步指数，技术效率指数指的是决策单元从 t 到 $t+1$ 技术效率变动的幅度，反映的是相对效率的变化；而技术进步指数指的是从 t 到 $t+1$ 生产或管理技术的变化幅度，反映的是技术进步的变化，见公式（7.2）：

$$M_0(x_{t+1}, y_{t+1}, x_t, y_t) = \left[\frac{D_0^{t+1}(x_{t+1}, y_{t+1})}{D_0'(x_t, y_t)} \times \frac{D_0'(x_{t+1}, y_{t+1})}{D_0^{t+1}(x_{t+1}, y_{t+1})} \times \frac{D_0'(x_t, y_t)}{D_0^{t+1}(x_t, y_t)}\right]1/2 \quad (7.2)$$

公式（7.2）中，若 $M_0 > 1$，则表明全要素生产效率是增长的，反之是下降的[②]。

B. 数据来源与样本选取。

陕西省是最早将大数据技术应用于苹果种植的省份，本书主要选取甘肃和陕西 2011—2018 年苹果成本收益的数据，对比分析了数据技术应用和传统模式大下苹果种植环节的质量管理优势。

研究苹果种植环节的质量管理优势，首先要对苹果种植环节的生产效率进行客观、全面、科学的评价，在选择评价指标时要全面反映苹果种植的过程管理状态和过程管理效率，因此，本书选择每亩主产品产量（公斤）、每亩物质与服务费用（元）、每亩人工成本（元）、每亩化肥金额（元）作为苹果种植的生产效率评价指标（如表 7-1 所示）。

[①] Caves R E. Multin ational nterprise and economic analgsis [M]. Cabrodeg:Canbridge U nicersity Press, 1982.

[②] 李俊杰，景一佳. 基于 DEA-Malmquist-Tobit 模型的环境效率测度及影响因素研究——以河南省为例 [J]. 生态经济，2021（02）：132-137+145.

表7-1　2011—2018年甘肃和陕西成本收益情况

年份	省份	y	x1	x2	x3
2011	甘肃	2065.67	935.18	3000.17	257.33
	陕西	1883.27	1122.29	1472.07	401.85
2012	甘肃	1963.28	983.22	4141.66	284.46
	陕西	2059.34	1081.22	1920.22	333.17
2013	甘肃	2090.45	1450.75	5057.06	518.62
	陕西	1914.10	1113.58	2255.38	348.98
2014	甘肃	1991.52	1485.24	5498.47	548.74
	陕西	1857.74	1068.87	2468.85	302.84
2015	甘肃	2314.51	1754.56	5718.51	668.32
	陕西	1779.59	1034.94	2598.41	301.41
2016	甘肃	1963.19	1713.80	5661.45	696.52
	陕西	1881.41	1066.06	2756.49	305.66
2017	甘肃	2207.61	1842.42	5383.89	759.82
	陕西	1836.06	1057.81	2903.83	305.41
2018	甘肃	1499.74	1704.74	5074.67	761.86
	陕西	1595.84	1131.04	2957.83	367.45

注：y 代表每亩主产品产量，x_1 代表每亩物质与服务费用，x_2 代表每亩人工成本，x_3 代表每亩化肥金额。

数据来源：《全国农产品成本收益资料汇编》（2012—2019）。

②模拟计算结果及管理效率对比分析

DEA-Malmquist 计算结果如表7-2、表7-3所示，表中 effch 代表技术效率的变化，techch 代表技术进步的变化，pech 代表净技术效率的变化，sech 代表规模效率的变化，tfpch 代表生产率的变化。如果效率变化为1，则表示最优；如果效率变化大于1，则表示效率变化增加，否则效率变化减小[1]。

---

[1] 李晋红，李晶晶，吕微. 基于DEA-Malmquist模型的中国农产品物流效率评价研究[J]. 湖北农业科学，2021（02）：167-172.

表7-2 2011-2018年甘肃和陕西技术效率和技术进步的变化

省份	effch	techch	pech	sech	tfpch
甘肃	0.935	0.928	0.991	0.943	0.867
陕西	1.000	0.926	1.000	1.000	0.926
平均值	0.967	0.927	0.996	0.971	0.896

数据来源：表中数据通过 DEA-Malmquist 计算所得。

表7-3 2011-2018年苹果种植技术效率和技术进步的变化

年份	effch	techch	pech	sech	tfpch
2011—2012	1.000	0.914	1.000	1.000	0.914
2012—2013	0.916	0.838	1.000	0.916	0.767
2013—2014	0.959	1.003	1.000	0.959	0.963
2014—2015	0.997	0.969	1.000	0.997	0.966
2015—2016	0.920	3.222	1.000	0.920	2.964
2016—2017	1.031	0.306	1.000	1.031	0.316
2017—2018	0.950	0.799	0.969	0.980	0.759
平均值	0.967	0.927	0.996	0.971	0.896

数据来源：表中数据通过 DEA-Malmquist 计算所得。

从表7-2可以看出陕西的苹果种植技术的技术效率变化、纯技术效率变化、规模效率变化均为1，而甘肃省的以上三项指标分别为0.935、0.991、0.943，均小于1，说明陕西省苹果种植技术效率和技术进步变化比较稳定，甘肃省的苹果种植技术效率和技术进步相对比较滞后。出现这种结果的主要原因是自2018年陕西已建成国家级苹果大数据中心以来，陕西已经进入大数据在苹果种植管理应用的快速发展期，而甘肃尚处于起步阶段。虽然两省的生产率变化都小于1，但是陕西的生产效率要大于甘肃，说明大数据技术的应用对提高苹果种植的质量管理效率影响巨大。

从表7-3可以看出2015—2016年苹果种植的技术进步变化为3.222，远大于1，这是因为2015年12月10日中国大数据技术大会在北京召开，2016年开始国内加快了大数据的行业应用。因此在2016—2017年苹果的技术效率变化、纯技术效率变化、规模效率变化均大于或等于1。从表7-2、

表7-3及陕西苹果业的发展可以看出,大数据应用是引领未来苹果产业发展的一个趋势,物联网大数据在苹果种植业的应用可以解决以下五个问题:第一,建立果农信用大数据库和信用评价体系并对果农信用状况进行评价;第二,建立苹果园天气预测大数据库,进行果园的天气预测;第三,建立农药、水肥大数据库,可以对农药、水肥的喷洒做到精准定量控制;第四,通过果园App大数据管理,减少果农数量,降低人工成本;第五,通过果园大数据精准管理,提高苹果质量。

(3)大数据技术下苹果种植环节的质量管理模式与数据处理

通过对甘肃苹果主产区天水、平凉、庆阳、陇南和陕西洛川国家级苹果大数据中心的实地调研,主要从苹果种植环节的质量管理模式和数据处理方式两方面对传统模式和大数据模式进行对比分析。

从管理的模式进行对比,甘肃省98%的果农仍然采用传统的种植管理模式,如表7-4所示,传统模式下,果农喷洒农药、施肥浇水都是果农凭借多年经验直接喷洒,大水漫灌式的浇水,无法建立苹果种植过程质量状态追溯体系。陕西省洛川县采用的是"云计算+物联网+区块链+大数据"质量监测模式,在大数据模式下,首先果农通过云端或者手机App进行数据分析,计算出每亩果园需要农药量、水量、化肥量,得到这些信息之后果农在手机App或云端远程遥控进行施肥、灌溉、喷洒农药。所以将大数据应用到苹果种植的环节中,能更有效地控制苹果种植的全过程,进一步提升苹果的质量。

表7-4 苹果种植环节的质量管理模式对比

	甘肃传统模式	陕西大数据模式
喷洒农药	直接进行人工实地喷洒	通过大数据平台将数据分析之后再进行云端或手机App远程遥控进行喷洒农药
灌溉	大水漫灌	通过大数据平台将数据分析之后再进行云端或手机App远程遥控进行灌溉
施肥	人工凭感觉、经验施肥	通过大数据平台将数据分析之后再进行云端或手机App远程遥控进行施肥

数据来源:表内数据由调研统计数据所得。

从数据的处理方式进行对比，如表7-5所示，在传统苹果种植管理模式下，有三种数据处理方式，一是果农凭借经验估计苹果种植需要的种苗、农药、水肥；二是通过现代农业科技管理技术进行数据分析，但是这种数据处理方式缺乏系统性、实时性和精准性；三是无数据记录，简单重复凭经验管理。在大数据模式下，从果农的个人信息到苹果种植的全过程，都是通过各种传感器、物联网、大数据平台的云端收集、处理过程数据。因此，在大数据的应用处理苹果种植环节质量管理的数据更加的精准、完整、有效。

表7-5　苹果种植环节质量管理数据处理模式对比

	甘肃传统模式	陕西大数据模式
喷洒农药	人工凭经验记录	云计算处理
灌溉	工凭经验记录	云计算处理
施肥	无	云计算处理
病虫害防治	无	云计算处理
修剪枝叶	无	云计算处理
果品套袋	低端技术处理	云计算处理
采摘果品	人工凭经验记录	云计算处理
储藏	低端技术处理	云计算处理
种苗	人工凭经验记录	云计算处理

数据来源：表内数据由调研统计数据所得。

（二）大数据技术下甘肃省苹果种植环节质量管理提升策略

1. 加大资金投入力度，搭建大数据应用平台

现阶段，苹果种植业使用大数据物联网技术及其设备成本比较高，投入资金量大，这笔资金完全依靠果农自身是负担不起的，因此需要政府和企业加盟，联合提供资金支持。政府对相关技术应用提供政策补贴和支持，鼓励其引用新技术。通过政府投资来建立大数据物联网平台，吸引部分投资企业看到大数据技术在苹果种植环节质量管理中的前景，进而投入资金搭建大数据平台。

2. 建立健全大数据监测预警系统

随着甘肃省苹果加工物流业的迅速发展，质量监管、检验机构和监管

人员出现明显不平衡。政府应当加大诚信宣传，鼓励各个企业和社会群众踊跃参与到苹果加工物流质量安全体系建设中，强化加工物流企业质量生产管理和质量安全生产的标准，严格把控各个环节，大力提升质量管理效率。

3. 引进和培养大数据和农业技术相结合的复合型人才

我国是一个农业大国，随着科学技术经济的发展，农业要科学、长期的发展，从政策的实施、品种的研发、农业生产管理方面都需要建立全面的、科学的质量控制标准体系，而人才资源是科学发展的基础性资源，更是农业进入科学现代化的必要资源。因此在大数据技术下提高甘肃省苹果种植管理质量，需要通过人才引进和培养战略建立标准的质量管理体系。第一，在引进人才方面，需要深入了解人才的真实需求，采取主动灵活的解决措施；第二，在人才培养方面，需加强校农合作，建立高效的人才培训基地与学习交流平台，联合培养复合型技术人才，提高人才的交流与合作；最后，在大数据技术应用到苹果种植环节质量管理的过程中，需要专业人才进行指导监督，严格执行每一环节，进行数据采集与分析。实施人才引进和培养战略，改变了传统的用人模式，提高质量管理效率，促进苹果质量提高，从而改善苹果种植环节质量管理的发展。

4. 全面推广农业信息化应用，转变苹果主产区经济发展动力

大数据技术是推动农业信息化发展的重要技术手段，也是农业信息化建设的重要组成部分，要将大数据技术运用在甘肃省苹果种植环节，加快农业信息化进程，完善基层农业信息服务体系，建立农业信息服务平台，加强农业基础设施建设，健全农业信息监测体系，使得农业信息化全面推广应用；继续保持并发展甘肃四大苹果主产区特色优势产业，增强区域经济发展动力，转变苹果产业发展动力；以大数据技术带动农业信息化的发展，以农业信息化为目标促进大数据技术的推广应用，提升苹果品质，促进甘肃苹果主产区果农增收，提高甘肃苹果优势产业的经济效益，带动苹果主产区经济发展，增强区域经济发展驱动力。

二、大数据技术应用养殖业管理的案例

奶牛生产作为草地农业四个生产层之动物生产层的重要组成部分，奶业已是健康中国、强壮民族不可或缺的产业，是食品安全的代表性产业，是农业现代化的标志性产业和一二三产业协调发展的战略性产业，奶业生产在整个草地农业发展起到"承上启下"的关键作用。

自2008年以来，随着牧场集约化和规模化程度越来越高，牧场信息化在牧场运营过程中逐渐展露优势，并被广泛应用。随着奶业行业快速发展和奶牛场集约化程度越来越高，经营者对牧场信息化建设越发重视，投入也在不断增加，同时在政府的支持和引导下，使得牧场信息化建设得到快速发展并取得重要进展，数据和信息逐渐在牧场实现精益管理，提高生产效率、可持续盈利能力等方面发挥越来越重要的作用。

（一）奶业大数据平台系统开发

奶业大数据平台系统以牧场生产管理系统为基础，具备奶业数据的采集、更新、存储管理、查询和分析功能，实现牧场的牛只个体管理、繁育管理、精准饲喂管理、健康管理和产奶管理，并将各方面数据进行汇集，结合数据智能分析与决策系统和大数据可视化系统构建出奶业大数据平台系统。

1. 奶业大数据平台总体框架设计

奶业大数据平台基于大数据标准规范体系和安全保障体系，由感知层、网络层、平台层、应用层、决策层构成（图7-4），分别实现数字化感知、系统连接、数据存储和数据分析处理，通过应用层为一线生产提供服务，通过决策层提供数据智能分析和决策功能。

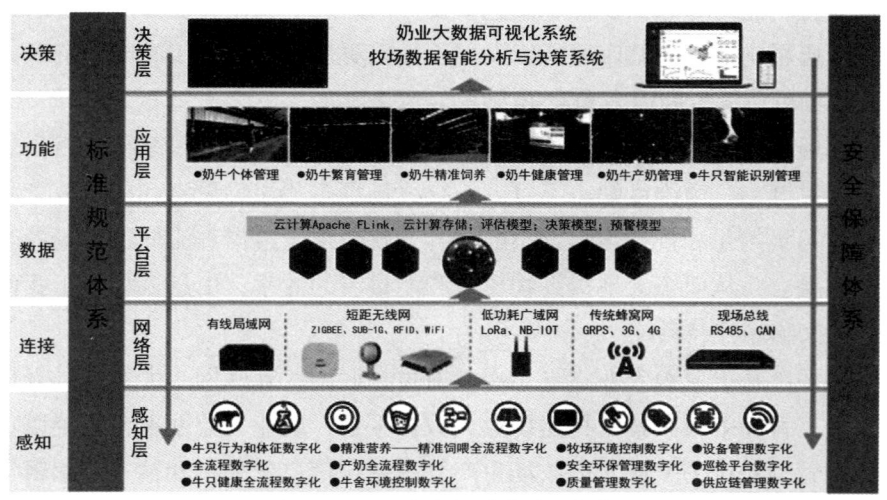

第七章 大数据技术在农业领域应用的实证案例

图7-4 奶业大数据平台总体框架

感知层由一系列数字化传感器组成，主要包括牛只行为和体征数字化，繁育流程数字化，健康管理流程数字化，精准饲喂流程数字化，产奶流程数字化，牛舍环境数字化，牧场环境数字化等相关设备和传感器组成；网络层将相关硬件进行连接实现数据传输，主要包括有线局域网，短距无线网，低功耗广域网，传统蜂窝网和现场总线构成；平台层由云计算 ECS（Elastic Compute Service）服务器，Apache Flink 大数据处理引擎，云化存储和平台数据库及平台子系统数据库、模处理并形成运算结果反馈到应用层与用户进行交互；应用层为用户提供具体功能的服务程序，应用层可以借助平台层在不同类型模型库之间共享资源，并可以集成多种运算模型，实现信息传递，建立通信机制，实现数据输入输出，并控制相应模型的运行得出最终结果，从而实现诸如奶牛个体管理、奶牛繁育管理、奶牛精准饲喂管理、奶牛健康管理和奶牛产奶管理等；决策层是将数据分析模型进行集合，通过可视化系统自动生成相应图表，直观地呈现给决策者，辅助其进行科学的决策。

2. 奶业大数据平台设计目标

随着奶业行业快速发展和奶牛场集约化程度越来越高，牧场信息化建设得到快速发展，数据和信息逐渐在牧场实现精益管理，提高生产效率、可持续盈利能力等方面发挥越来越重要作用。奶牛场作为奶业产业链的核心，直接影响奶业的健康可持续发展，如何更加高效地利用有限的资源，提升牧场可持续盈利能力和竞争力。

　　牧场是一个系统，物质流、能量流与信息流是支撑这个系统能否高效运行的关键，三个维度缺一不可。传统牧场更多关注物质流和能量流，而随着牧场集约化和规模化程度不断提升，就必须通过信息流促进牧场各个环节的融合，从而极大地提高物质流和能量流的效率，信息流相当于我们人体的大脑和神经系统。

　　该平台基于草地农业指导思想，通过物联网、互联网、大数据、云计算和人工智能等新兴技术构建奶业大数据平台，奶业大数据平台系统以牧场生产管理系统为基础，以牧场生产管理系统信息的采集和输入、编辑与更新、存储与管理、查询与分析为基本功能，实现牧场的牛只个体管理、繁育管理、精准饲喂管理、健康管理和产奶管理，将各方面数据进行汇集并结合牧场数据分析与决策系统构建奶业大数据平台。该平台可帮助奶牛场不断提升生产效率和运营管理水平，提升牧场的可持续盈利能力和竞争力，并不断向植物生产层、后生物生产层和前植物生产层进行融合形成草地农业智库系统，最终将助力我国农业结构转型和优化。

　　3. 平台系统设计与开发

　　（1）开发环境的选择与搭建

　　① Java SE Development Kit 下载与安装。

　　本案例平台开发环境采用 Java SE Development Kit 8u241（简称 JDK），下载地址为：https：//www.oracle.com/technetwork/java/javase/downloads/jdk8-downloads-2133151.html，双击下载的 exe 文件，开始安装，点击下一步按照提示进行安装。

图7-5 Java SE Development Kit 8u241安装步骤

安装完成后,在 Windows 命令提示符输入语句 java-version,来查看已经安装的版本信息。提示 Java 版本是"1.8.0_191",则表明 JDK 安装成功。

② Apache Flink 下载与安装。

Apache Flink 可以在 Windows、Mac OS X 和 Linux 操作系统上运行,同时需要提前安装 Java 8.x,判定是否正确安装 Java,可以通过在 Windows 命令提示符输入语句 java –version 命令来进行检查。

A. Apache Flink 下载。

前往页面 https://flink.apache.org/downloads.html 下载,下载完成后解压下载的压缩包文件。

B. 启动本地 Apache Flink。

在 Windows 命令行下进入解压缩目录,运行如下命令启动 Apache Flink:

```
1 | $ ./bin/start-cluster.sh # Start Flink
```

Apache Flink 启动后,可以在 Web 浏览器访问默认地址:http://localhost:8081/,可以看到 Apache Flink Web 管理界面(见图7-6),表明 Apache Flink 可以正常运行。

图7-6　Apache Flink Web管理界面

（2）奶牛生产管理系统

奶牛生产管理系统是奶业大数据平台的基础，奶牛精准饲喂管理系统框架图如图7-7所示。

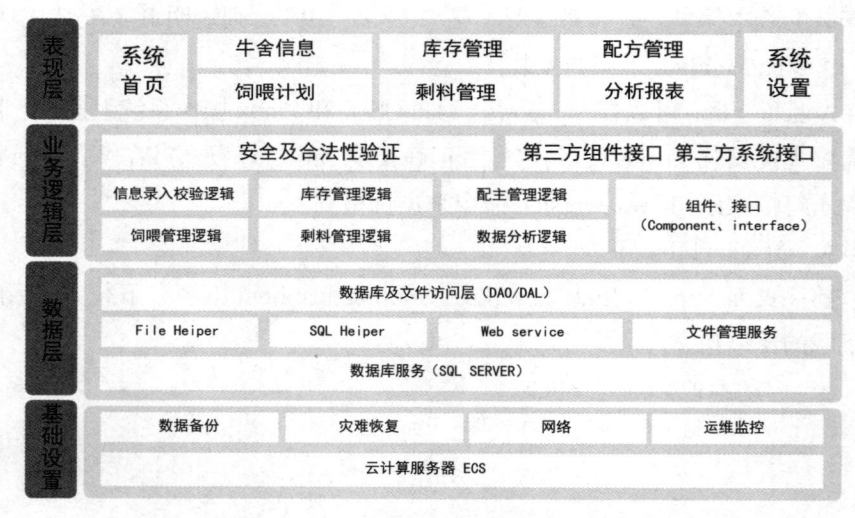

图7-7　奶牛精准饲喂管理系统框架图

因篇幅所限，每个模块的具体内容不展开论述。

（4）牛只智能识别管理移动端应用

牛只智能识别管理系统应用在手机和三防工作机等移动端设备上，可以通过扫描牛只佩戴的电子耳标，自动识别到需要处理的牛只，并提醒进行相应处理（见图7-8），同时现场可以录入处理结果，可以极大地提高一线员工的工作效率和方案执行有效率。

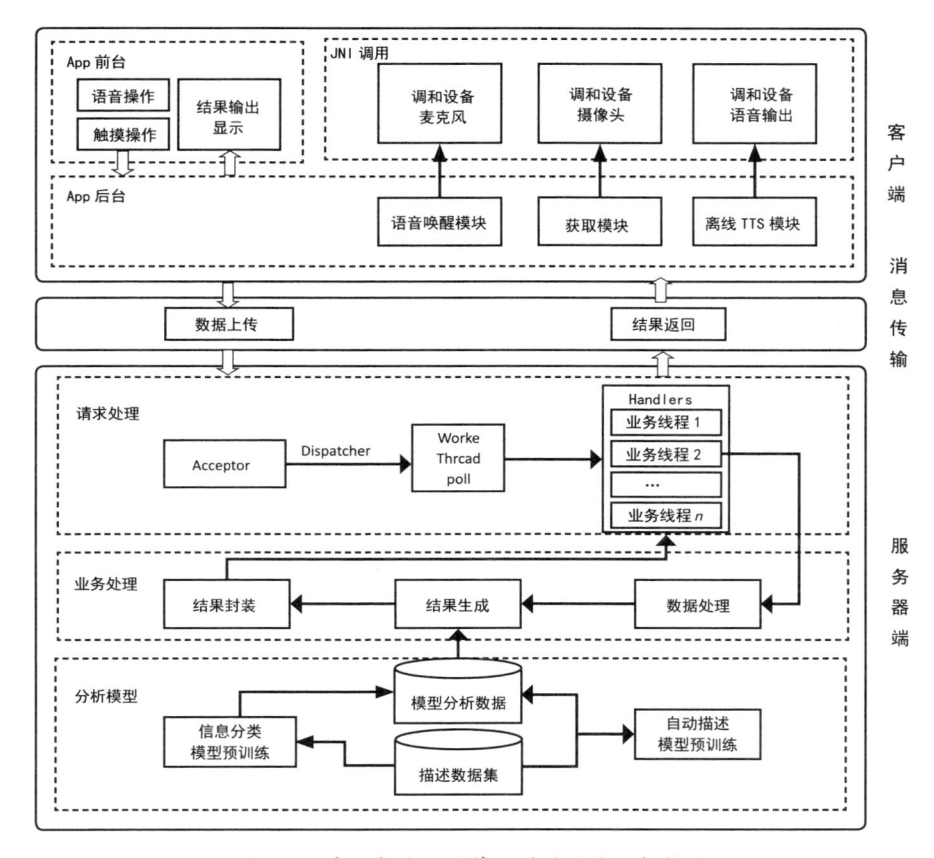

第七章 大数据技术在农业领域应用的实证案例

图7-8 牛只智能识别管理移动端应用架构图

牛只智能识别管理系统主要包括3大模块，分别是：【信息录入】【信息查询】【日常工作】，每个模块的录入都可以使用蓝牙功能，开启连接蓝牙扫描棒，可通过蓝牙扫描棒扫描牛只的耳标获取该牛只的牛号信息，直接显示到本模块的牛号输入框中。给出"蓝牙已连接"和"蓝牙已断开"提示音提示蓝牙连接状态，或者查看页面右上角蓝牙图标判断状态（白色为未连接，蓝色为已连接状态）。如果未找到与电子耳标相匹配的牛号则需要进行手动输入牛号，进行牛号与电子耳标的匹配。

因篇幅所限，每个模块的具体内容不展开论述。

（5）牧场数据智能分析与决策系统

牧场数据智能分析与决策系统基于牧场的生产管理逻辑、评估模型、决策模型和人工预警模型等对采集到的大数据进行分析，帮助牧场及时发现问题，并给出预警和相关改进建议，实现科学决策，帮助牧场不断提升生产管理水平、效率和可持续综合盈利能力（见 7–9）。

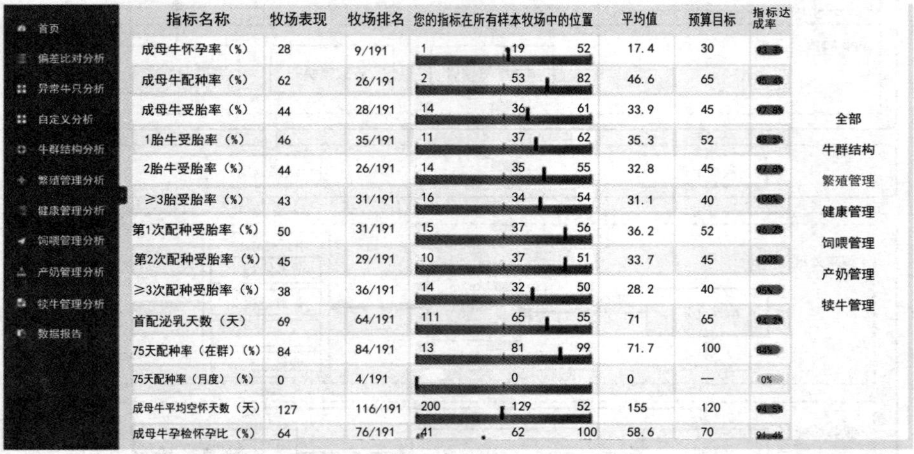
首页
偏差比对分析
异常牛只分析
自定义分析
牛群结构分析
繁殖管理分析
健康管理分析
饲喂管理分析
产奶管理分析
犊牛管理分析
数据报告
全部
牛群结构
繁殖管理
健康管理
饲喂管理
产奶管理
犊牛管理

指标名称	牧场表现	牧场排名	您的指标在所有样本牧场中的位置	平均值	预算目标	指标达成率
成母牛怀孕率（%）	28	9/191	1　19　52	17.4	30	93.3%
成母牛配种率（%）	62	26/191	2　53　82	46.6	65	95.4%
成母牛受胎率（%）	44	28/191	14　36　61	33.9	45	97.8%
1胎牛受胎率（%）	46	35/191	11　37　62	35.3	52	88.5%
2胎牛受胎率（%）	44	26/191	14　35　55	32.8	45	97.8%
≥3胎受胎率（%）	43	31/191	16　34　54	31.1	40	100%
第1次配种受胎率（%）	50	31/191	15　37　56	36.2	52	96.2%
第2次配种受胎率（%）	45	29/191	10　37　51	33.7	45	100%
≥3次配种受胎率（%）	38	36/191	14　32　50	28.2	40	95%
首配泌乳天数（天）	69	64/191	111　65　55	71	65	94.2%
75天配种率（在群）（%）	84	84/191	13　81　99	71.7	100	84%
75天配种率（月度）（%）	0	4/191	0	0	—	0%
成母牛平均空怀天数（天）	127	116/191	200　129　52	155	120	94.5%
成母牛孕检怀孕比（%）	64	76/191	41　62　100	58.6	70	94.4%

图7–9　偏差比对分析结果输出

（6）奶业大数据可视化系统

奶业大数据可视化系统根据奶业数据的特性，对通过物联网、互联网、自动化系统采集到的数据进行数据分析或模型分析，并得出的结果以图（diagram）、图表（chart）和地图（map）等方式更加直观地呈现出来，以帮助用户更好地找出包含在奶业海量数据中的规律，理解奶业大数据所蕴含的信息。数据可视化是奶业大数据生命周期管理的最后一步，也是至关重要的一步。

（二）奶业大数据平台部署及应用

1. 奶业大数据平台在我国牧场的部署实施

截至 2019 年 8 月 15 日，奶业大数据平台系统已部署应用在全国 21 个省及直辖市 197 个牧场，总计 697 403 头奶牛。

奶业大数据平台系统在牧场的部署实施流程如下。

第一步：确定部署实施牧场。

第二步：采集牧场现有生产数据，对不符合逻辑的数据进行清洗、核验。

第三步：系统部署实施与开通，根据项目实施方案，前往牧场对系统进行部署和用户开通,并与牧场负责人沟通对基础参数进行设置。

第四步:将现有数据迁移至系统,进行奶厅系统等数据进行对接,实现奶厅自动测产数据等自动采集。

第五步:提供系统培训,由牧场组织需要参加培训的人员,对系统使用人员进行培训,系统培训采用参与式方式,以实际操作培训为主、理论培训为辅。培训完成后,系统交付项目牧场使用,并持续跟踪使用情况。

第六步:结合牧场运行实际情况,对平台系统进行改进优化。

奶业大数据平台系统在牧场的实际应用场景如图7-10所示。

图7-10 奶业大数据平台系统在牧场的实际应用场景

2. 奶业大数据平台在我国牧场的应用概况

奶业大数据平台系统应用牧场数量最多的三个省份为宁夏回族自治区、黑龙江省及河北省,牛群数量分布最多的三个省份分别为内蒙古自治区、黑龙江省和河北省(见表7-6)。

表7-6 奶业大数据平台中各省份牧场数量及存栏量分布情况

省　份	牧场数量	全群牛头数	成母牛头数	泌乳牛头数	后备牛头数
宁夏回族自治区	37	82843	46168	41081	36675
黑龙江省	35	103089	50362	42117	52727
河北省	23	83625	35647	31540	47978
内蒙古自治区	9	110044	61806	54075	48238
新疆维吾尔自治区	15	26962	15104	11725	11858
广东省	9	6512	3938	3248	2574

续表

省　份	牧场数量	全群牛头数	成母牛头数	泌乳牛头数	后备牛头数
山东省	7	79052	45037	37643	34015
甘肃省	7	11830	7392	6314	4438
北京市	6	6301	3205	2771	3096
陕西省	6	29504	16502	13967	13002
云南省	5	4040	2357	2054	1683
安徽省	3	76481	41373	34720	35108
广西壮族自治区	3	3974	1767	1552	2207
山西省	3	3027	1719	1503	1308
四川省	3	19911	11037	9606	8874
福建省	3	7931	4188	3409	3743
天津市	3	7605	3864	3276	3741
河南省	2	5793	2943	2495	2850
吉林省	2	9759	5182	443	4577
江苏省	1	3752	2080	1810	1672
总　计	197	697403	370344	316727	327059

通过对部分集团牧场 2018 年 8 月至 2019 年 8 月的生产数据进行统计分析，奶业大数据平台系统可以帮助牧场提升生产一线人员工作效率 2~3 倍，饲料成本平均降低 9.3%，繁殖效率（21 天怀孕率）平均提升 3%，年平均每头牛产奶量提升 937kg，这是应用奶业大数据平台系统和牧场综合运营管理能力等因素共同作用的结果。

三、大数据技术在智慧农业示范区中的应用案例

（一）大数据技术在杨凌农业示范区农业中的应用现状

1. 杨凌农业示范区农业发展情况基本情况概述

杨凌农业高新技术产业示范区，简称杨凌区或杨凌示范区，隶属陕西

省，位于陕西关中平原中部，地理坐标介于东经107°59′~108°08′，北纬34°14′~34°20′之间，总面积135km²，城市规划区35km²，是中国第一个农业高新技术产业示范区。杨凌农业示范区属东亚暖温带半湿润半干旱气候区，具有春暖多风、夏热多雨、秋热凉爽多连阴雨、冬寒干燥等明显的大陆性季风气候特征。杨凌农业示范区土地相对比较平坦，土壤比较肥沃，适宜农业的发展。

杨凌农业示范区内驻入选"双一流"建设高校名单的西北农林科技大学和全国首批示范性高职院校——杨凌职业技术学院。在此背景下，杨凌农业示范区拥有70多个国家级和省部级科研平台，累计获得省部级以上科技奖励300多项，在全国18个省区建立了301个农业科技示范推广基地。2017年，示范推广面积达到7186.98万亩，示范推广效益实现212.22亿元，为带动干旱半干旱地区乃至全国广大地区现代农业发展发挥了积极的示范作用。杨凌示范区成立后一直将科技创新、示范推广和现代农业产业示范作为主要目标。与此同时，在科技的助力下，杨凌农业示范区经济发展迅猛，已初步成为城市功能完善、科教实力雄厚、产业特色鲜明、生态环境优美的农科新城

杨凌农业示范区自然地理条件优越、科技优势明显，而且具有国家政策支持，同时具有坚实的资金保障，这些均为农业大数据技术的应用提供了必要的基础。另一方面，杨凌农业示范区农业现代化的发展对大数据应用提出了客观要求。杨凌农业示范区实施现代农业创新示范工程，加快转变农业发展方式，培育壮大现代种业，着力构建现代农业生产体系、服务体系、经营体系，推动一二三产业融合发展，提高农业质量效益和竞争力，走出一条产出高效、产品安全、资源节约、环境友好的现代农业发展道路。因此杨凌农业示范区农业现代化对于大数据技术有迫切的现实需求。

2. 杨凌农业示范区大数据技术发展依托——智慧杨凌

"智慧杨凌"是杨凌农业示范区自2013年获批，中华人民共和国住房和城乡建设部与科学技术部支持的智慧城市试点之后推出的城市建设项目。"智慧杨凌"的目标是充分发挥移动通信、云计算、大数据和物联网等新一代信息技术的助推作用，推动现代农业科技示范、城市综合管理和社会

保障服务等智慧应用建设，全力打造信息惠民、信息兴业、信息优政的杨凌示范区。

"智慧杨凌"项目主要包括四个内容：第一，加快智慧农业建设，建成杨凌农业大数据中心，推动农业科技创新发展；第二，提升城市交通、地下管网、安全生产、市场价格、生态环境等信息化应用水平，推进城市管理智能化发展；第三是以惠民利民信息化服务为理念，完善住房保障、社会保险、养老医疗、文化教育、体育旅游等城市公共服务保障体系，促进城乡公共服务事业发展；第四是推进"互联网＋政务"工程，大力推动政府治理信息化，不断创新和转变政府公共服务和管理，简政放权，提高政务、公共服务效率，创建杨凌"政务云"平台，提升信息化综合服务平台支撑能力。推进政务部门业务数据库建设，建立健全政务信息资源共建共享机制。构建网络空间治理体系，提高安全保障能力，促进服务型政府建设。图7-11所示为智慧杨凌的发展框架图。

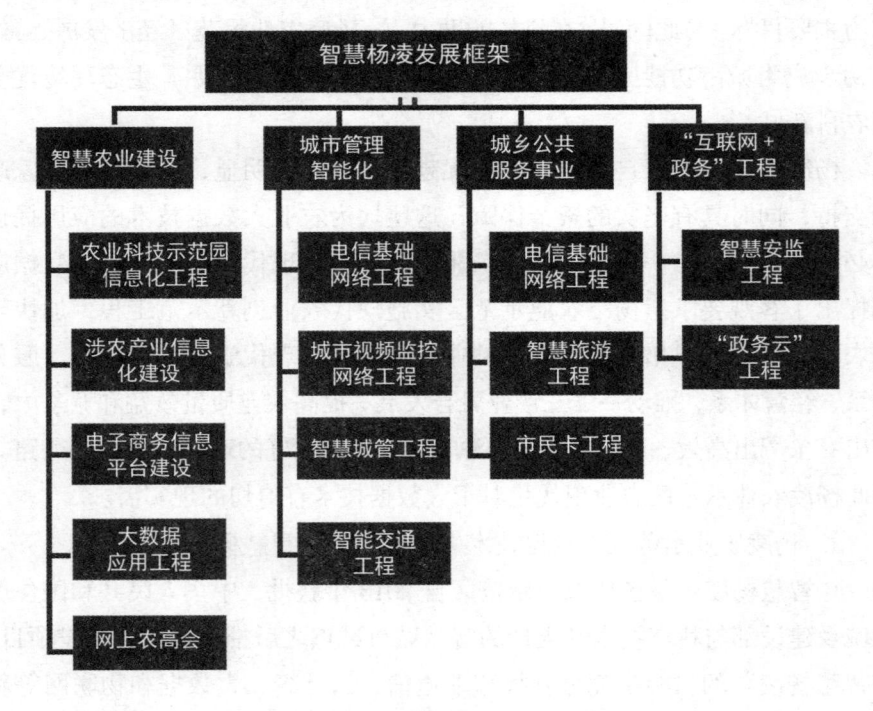

图7-11 "智慧杨凌"总体框架图

杨凌示范区对大数据的利用贯穿在杨凌智慧农业的每一个部分之中，杨凌智慧农业包括杨凌农业示范区农业科技示范园信息化工程、涉农产业信息化建设、电子商务信息平台建设、大数据应用工程和网上农高会五大部分。首先，杨凌农业示范区农业科技示范园信息化工程中的信息管理系统、农产品加工信息体系体统和现代农业合作交流信息平台都需要用到大数据分析管理技术，以满足系统中的现代化需求；第二，涉农产业信息化建设要建立杨凌标准体系和品牌体系、涉农产品质量安全追溯公共服务平台和农产品质量监控体系，形成示范区生物产业、食品产业和涉农装备制造业三大特色优势产业信息体系；第三，电子商务信息平台建设需要建立涉农电商交易服务体系，搭建电子商务产业发展平台，构建涉农电商物流体系，创建跨境贸易流通体系以期提高行业物流信息化和对外服务能力，将杨凌打造成国际化的中西部电商物流中心；第四，大数据应用工程要充分挖掘和共享政务、农业海量基础数据，实现数据汇聚整合，探索在民生服务、城市管理、社会管理、经济运行等方面的应用示范；第五，网上农高会基于互联网+农高会的发展模式，建设以农业科技创新、示范带动、新成果展示为主要内容的农高会信息服务系统，同样需要大数据技术的支持。智慧农业的本质就是将现代化信息技术融入农业当中，信息化农业不但可以促进农业生产力的提高，促进农业的产业发展，能对整个农业领域都将产生积极作用。

3. 杨凌农业示范区大数据技术发展基础层

农业大数据发展需要基础网络设施、感知基础设施，云基础设施三位一体的支持。

在基础网络设施方面。2016年，杨凌农业高新技术产业示范区固定电话用户数3.08万户，比2015年减少0.69万户；移动基站总数573个，其中4G基站351个，移动电话用户数23.68万户；全区宽带用户数4.4万户，除城区全覆盖外，农村宽带覆盖55个自然村，用户数1.26万户。2016年，杨凌农业高新技术产业示范区有线电视用户28 941户，其中城镇26 589户，农村2 352户。

在感知基础设施方面。在农业应用中，已经有部分企业和个人率先在温室中使用感知设施，辅助农业生产，尤其是杨凌农业示范区中的现代农业企业中，包括农产品加工生产，温室感知监控，农产品质量溯源环节感知设备都被广泛使用，并且感知设备的使用对农产品质量的提高有极大的帮助，感知设备的使用将成为一种趋势。

在云基础设施方面。杨凌农业大数据中心在2014年11月揭牌成立，杨凌农业大数据中心收集整理植物品种权数据、涉农专利信息数据、涉农专家数据以及其他农业科技成果数据200多万条，提供浏览、查询、检索、咨询、预警等服务，是国内最大的农科教数据中心。

4. 杨凌农业示范区大数据技术发展数据层

数据层主要负责各类涉农数据的整合。包括公共基础数据库群。公共应用数据库群和专项应用数据库群。杨凌农业示范区现已建成以杨凌农业大数据中心网站为中心的农业信息数据库网络。截至2018年2月该网站数据包括专家数据、植物品种权、涉农专利信息、涉农科技成果、现代农业科技服务体系、培训数据等数据共5 286 818 441条。专题数据分为农业统计、农业技术、农事服务和政策法规四个板块，便于用户查找使用。

（二）大数据技术在杨凌农业示范区农业中发挥的效用

1. 产业创新效用

在杨凌农业示范区，有一部分农业企业已经率先利用大数据技术的优势，带动示范区内产业的发展，促进产业的创新，使企业更加适合大数据时代，凭借大数据的浪潮不断推动农业的现代化。

陕西瑞天现代农业合作社是杨凌市内一家将物联网技术引入现代农业生产全过程的现代农业专业合作社，其在农产品种植和农产品销售环节都采用了大数据技术、物联网技术等现代农业技术。

在农产品种植环节，瑞天现代农业合作社为杨凌葡萄示范园的智能温室里安装了一个无线网络传感器，运用物联网技术，通过天线和土壤里的摄像探头，可以将农作物的信息数据采集汇总到终端的电脑里，可以随时观看温室里作物的生长情况，方便对农作物的种植管理。

在农产品销售环节，陕西瑞天现代农业合作社依托大数据开拓市场的快车道在苏宁易购开店，开启了合作社网络销售模式。在电商发展迅猛的今天，合作社积极参加团省委组织的电商活动及培训大会，取得了淘宝大学结业证书，在淘宝开店的同时，合作社建立了自己的"86合作社"网络销售平台，通过电商销售系列产品。除了网络销售，瑞天现代农业合作社也很好地利用了自媒体进行销售，杨凌葡萄示范园在依托报纸、电视、和网站宣传的同时，开通了微信、微博，建立了微信公众平台，及时传递葡萄园相关信息，农城一品葡萄园的相关大数据通过各界媒体备受关注。

2. 技术推广效用

杨凌农业示范区一直将科技示范推广作为自身的发展的主要目标之一，迄今为止在全国建立了超过三百个农业科技示范推广基地，示范推广效益超过200亿元。大数据技术可以帮助杨凌农业示范区解决技术推广过程中的时空限制大、效率低等问题，而且可以实现不同地域的农业专家的资源互通。

杨凌农业大数据平台目前是全国最大的农业大数据平台，平台包含928条专家数据、超过2万条涉农科技成果信息和全面的农业技术人才。农业大数据平台在农业技术推广中解决了以下三个问题：首先是缓解了以往技术推广过程中专家难求的问题。通过杨凌农业大数据中心可以直接获取接近6000名农业技术员的联系方式和基本简历，此外还可以通过邮箱联系到专业领域的教授专家。当农户遇到问题时可以通过平台快速联系到相关问题的技术人员，甚至有的问题一个电话就可以解决，这大大节约了专家实地指导的成本，对专家和农户来说带来了同样的便利。其次，在实地技术推广过程中，运用大数据技术可以提高工作效率，农技员采集农情信息会同时记录位置数据，将位置信息上传到平台中，在遇到农技难题时也可以向附近的同事求助。最后，利用大数据平台可以打破农业技术推广的时空限制。杨凌农业大数据平台收集了上百万条涉农专利信息和近万条培训数据，这些数据信息给农户提供了主动吸收科技知识的基础，对于农业技术推广来说，农户可以随时随地学习农业技术知识，并了解不同地域的农业技术发展情况。对于技术的推广者来说，将农业技术的相关知识上传到农业大数据平台，使了解农业技术知识的人数大大增加，促进了农业技术推广者和农业双向选择，提升技术推广的针对性和推广效果。

3. 辐射示范效用

杨凌农业示范区的大数据技术应用产生了很强的辐射示范作用，大数据应用等综合服务平台的建设促进了大数据技术在工业企业产品研发、生产制造、市场营销、售后服务、经营管理等全流程和产品全生命周期的示范应用，形成了大项目带动小项目、主体项目带配套项目、上游项目带下游项目的发展局面。

以现代农庄集群为例：现代农庄集群是杨凌示范区农业发展的一大亮点，包括30家现代农庄，设施建设已基本完成，可通过线上服务平台对农庄进行管理和推广。现代农庄与传统的乡村旅游不同，分为种植、养殖两大区域，是集花卉苗木种植、草莓、猕猴桃、葡萄、蔬菜等果蔬种植，奶牛养殖、鲜奶加工配送和休闲度假为一体的农业观光旅游特色庄园。在2016年底，杨凌示范区还搭建了现代农庄集群线上服务平台，利用互联网、大数据、云计算等技术手段，全力构建线上线下相结合的现代农庄集群综合服务平台。杨凌示范区累计筹措配套资金3 000万元全力支持杨凌现代农庄集群建设。2016年，杨凌示范区接待游客460万人次，休闲农业营业收入达6.96亿元，并被农业部授予"全国休闲农业和乡村旅游示范区"。

杨凌农业示范区作为国家农业高新技术产业示范区，杨凌示范区最重要的职责是示范推广，大数据技术不断促进农业产业的发展，在涉农企业中起到了良好的示范作用。

4. 产品销售效用

杨凌农业示范区在农产品销售方面一直寻求突破传统销售渠道的方式，随着互联网技术和大数据技术的不断发展，在农产品销售方面也有了新的契机。线上农产品销售和农产品电子商务的发展是农产品销售新的方向。

杨凌农业示范区建立了农产品电子商务平台，也就是杨凌现代农业电子商务产业园，该产业园区主要依托"农科城"的金字招牌和杨凌农业示范区日益完善的安全农产品检验检测、质量认证、溯源体系等质量标准体系，以杨凌绿色有机农产品以及省内外推广基地资源为主体，同时吸纳全国符合杨凌标准体系的产品，进行统一品牌推广。这个平台突破了地域、时空的限制，为传统农产品营销注入了现代元素。

除了建立电商平台的建立之外，杨凌农业示范区还不断推进农产品加工、存储、物流等体系建设，促使农村一二三产业融合发展，将农产品电子商务产业不断完善，促进农产品的生产、加工、销售、物流、售后一体化。

参 考 文 献

1. 经典著作

[1] 马克思恩格斯全集（第42卷）[M]. 北京：人民出版社，1979.

[2] 马克思恩格斯选集（第1卷）[M]. 北京：人民出版社，1995.

[3] 马克思恩格斯选集（第2卷）[M]. 北京：人民出版社，1995.

2. 报纸

[1] 马云华. 2020-2024 年中国智慧农业深度分析[N]. 农业行业观察. 2020-4-24.

3. 论文专著

[1] Erich F. The Revolution of Hope：Toward a Humanized Technology[M]. New York：Harper & Row，1968.

[2] 孙正聿. 理论思维的前提批判[M]. 沈阳：辽宁人民出版社，1997.

[3] 亚里士多德. 亚里士多德全集[M]. 中国人民大学出版社，1997.

[4] A. K. Jain, Jia Ying, P. J. Flynn. Data clustering : A review [J]. ACM Computing Survey，1999（03）.

[5] 常立农. 技术哲学[M]. 长沙：湖南大学出版社. 2003.

[6] 曲红亭. 申瑞民. 基于数据挖掘的个性化学习导航系统的设计与实现[J]. 2003（05）.

[7] Mobile Landscapes: Using Location Data from Cell Phones for Urban Analysis .scimaps. 2006.

[8] 詹姆斯·P. 斯特巴. 实践中的道德[M]. 程炼，译. 北京：北京大学出版社，2006.

[9] 高伟. 生存论教育哲学[M]. 北京：教育科学出版社，2006.

[10] 鲁洁．做成一个人——道德教育的根本指向[J]．教育研究，2007（11）：11-15.

[11] Buxton B, Goldston D, Doctorow C, et al. Big data: science in the petabyte era[J]. Nature. 2008（455）：1-50.

[12] 孙吉贵，刘杰，赵连宇，等．聚类算法研究[J]．软件学报，2008（01）：49-61.

[13] Wei S, Soon C P. Genetic algorithm for text clustering based on latent semantic indexing [J]. Computers and Mathematics with Applications，2009, 57（11-12）：1901-1907.

[14] 陈仕品．适应性学习支持系统的学生模型研究[D]．重庆：西南大学. 2009.

[15] Alexandros L, Jagadish H V. Challenges and opportunities with big data. [J]. Proceedings of the VLDB Endowment．2012. 5（15）：2032-2033.

[16] Boyd D, Crawford K. Critical questions for big data: Provocations for a cultural, technological, and scholarly phenomenon[J]. Information, communication & society，2012, 15（5）：662-679.

[17] 顾小清，张进良，蔡慧英．学习分析：正在浮现中的数据技术[J]．远程教育杂志，2012（01）：18-25.

[18] 维克托·迈尔-舍恩伯格．大数据时代[M]．袁杰，译．杭州：浙江人民出版社．2013.

[19] 赵刚．大数据技术与应用实践指南[M]．北京：电子工业出版社，2013.

[20] 维克托·迈尔-舍恩伯格．删除：大数据取舍之道[M]．袁杰，译．杭州：浙江人民出版社，2013.

[21] 谢文．实实在在大数据[M]．杭州：浙江人民出版社，2013（10）：140.

[22] 温孚江．农业大数据与发展新机遇[J]．中国农村科技，2013.

[23] 温孚江．农业大数据研究的战略意义与协同机制[J]．高等农业教育，2013（11）：3-6.

[24] 龙曼莉，吴桐．基于在线学习体验的对外汉语教学策略探究[J]．汉字文化，2021（3）：65-66.

[25] 陶雪娇，胡晓峰，刘洋. 大数据研究综述[C]//第八届全国仿真器学术年会. 2013.

[26] 魏顺平. 学习分析技术：挖掘大数据时代下教育数据的价值[J]. 现代教育技术，2013（02）：5-11.

[27] 刘红，胡新和. 数据革命：从数到大数据的历史考察[J]. 自然辩证法通讯，2013，35（6）：33-39.

[28] 祝智庭，沈德梅. 基于大数据的教育技术研究新范式[J]. 电化教育研究. 2013，34（10）：5-13.

[29] 王成红，陈伟能，张军，等. 大数据技术与应用中的挑战性科学问题[J]. 中国科学基金，2014（02）：92-98.

[30] 方巍，郑玉，徐江. 大数据：概念、技术及应用研究综述[J]. 南京信息工程大学学报（自然科学版）. 2014，6（5）：405-419.

[31] 张勇进，王璟璇. 主要发达国家大数据政策比较研究[J]. 中国行政管理，2014（12）：113-117.

[32] 程学旗，靳小龙，王元卓等. 大数据系统和分析技术综述[J]. 软件学报. 2014，25（9）：1889-1908.

[33] 刘鹏. 云计算[M]. 北京：电子工业出版社，2015.

[34] 维克托·迈尔-舍恩伯格，肯尼思·库克耶. 与大数据同行——学习和教育的未来[M]. 赵中建，张燕南，译. 上海：华东师范大学出版，2015.

[35] 唐斯斯. 杨现民，单志广，等. 智慧教育与大数据[M]. 北京：科学出版社，2015.

[36] Matarazzo T J, Shahidi S G, Chang M, et al. Are Today's SHM Procedures Suitable for Tomorrow's BIGDATA? [C]// Society of Experimental Mechanics IMAC XXXIII. 2015.

[37] Wamba S F, Akter S, Edwards A, et al. How 'big data' can make big impact: Findings from a systematic review and a longitudinal case study[J]. International Journal of Production Economics，2015，Vol, 165：234-246.

[38] Class Dojo's Sam Chaudhary Talks Changes, Criticism, and Communication.

Gross, A. http: //www. educationdive. com/news/classdojos-sam-chaudhary-talkschanges-criticism-and-communication/360771/. 2015.

[39] Great Ideas From Other Teachers. Class Dojo Helpdesk. https: //classdojo. zendesk. com/hc/en-us/articles/202978905-Tips-to-get-started-as-a-teacher. 2015.

[40] 朱扬勇，熊赟. 大数据是数据、技术，还是应用[J]. 大数据，2015，1（1）：78-88.

[41] Gandomi A，Haider M. Beyond the hype：Big data concepts，methods，and analytics[J]. International Journal of Information Management，2015，35（2）：137-144.

[42] 李继玲，李宝林，刘新蕊. 企业大数据应用构成要素及其风险分析[J]. 西华师范大学学报（自然科学版），2015（4）416-421.

[43] [日]城田真琴. 大数据的冲击[M]. 北京：人民邮电出版社，2016.

[44] 吴军. 智能时代[M]. 北京：中信出版社，2016.

[45] 张超. 浅析大数据应用的技术体系和潜在问题[J]. 数字技术与应用，2016（8）：234.

[46] 吴欢，卢黎歌. 数字劳动与大数据社会条件下马克思劳动价值论的继承与创新[J]. 学术论坛，2016，39（12）：7-11.

[47] 陈俊宇. 大数据技术的发展及其研究综述[J]. 中国管理信息化，2016，19（20）：146-147.

[48] Zeide E. The Structural Consequences of Big Data-Driven Education[J]. Big Data，2017，5（2）：164-172.

[49] Alharthi A, Krotov V, Bowman M. Addressing barriers to big data[J]. Business Horizons，2017，60（3）：285-292.

[50] Ben-Porath S, Shahar T H B. Introduction: Big data and education: ethical and moral challenges[J]. Theory & Research in Education，2017，15（3）：243-248.

[51] Yu L S, Wu X, Yang Y. Research on visualization methods of online education data based on IDL and hadoop[J]. International Journal of Advanced Computer

Research（IJACR），2017，7（31）：136-143.

[52] Bhat W A. Bridging data-capacity gap in big data storage[J]. Future Generation Computer Systems，2018，87：538-548.

[53] Suhall L B, Tasleem A, Majid B M, et al. Browser simulation-based crawler for online social network profile extraction[J]. International Journal of Web Based Communities，2020，16（4）：321-342.

[54] Carrie J. B-W，Samuel R Bryn G. The technological advancements that enabled the age of big data in the environmental sciences: A history and future directions[J]. Current Opinion in Environmental Science & Health，2020，18：63-69.

[55] 李俊杰，景一佳. 基于DEA-Malmquist-Tobit模型的环境效率测度及影响因素研究——以河南省为例[J]. 生态经济，2021，37（2）：132-137.

[56] 李晋红，李晶晶，吕微. 基于DEA-Malmquist模型的中国农产品物流效率评价研究[J]. 湖北农业科学，2021，60（2）：167-172.